意外と知らない〝まほろば〟の歴史を読み解く！

奈良「地理・地名・地図」の謎

奈良まほろばソムリエの会

JIPPI Compact

実業之日本社

【奈良 イズ ミステリー!】
~まえがき~

奈良には「謎」が多い。というと他の都道府県から文句が出そうだが、謎に「古代の歴史」がからむとなると、対抗できるところは少ないのではないだろうか。

『古事記《こじき》』や『日本書紀《にほんしょき》』に記されているように、奈良県は日本で最初に都が置かれ、古代日本の中心となった土地である。

古代日本最大の謎といえば、やはり「邪馬台国《やまたいこく》」だろう。畿内にあった、いや九州にあった、と今も論争が続いているが、まだ決着はついていない。ただし奈良県内では、その謎を解く有力な考古学上の手がかりが最近相次いで発見されている。桜井市にある纒向《まきむく》遺跡や箸墓《はしはか》古墳である。

「謎」は古代だけではない。かつては当たり前の「常識」であったことも、時が過ぎると「謎」に変わる。とりわけ「地理・地名・地図」となると、歴史を積み重ねてきた土地ほど「謎」が多くなる。

平城京から平安京に都が移り、奈良は歴史の表舞台からはずれてしまうが、平安時代以降も現在に至るまで、奈良は激動の歴史の舞台になってきた。

奈良を代表する仏像といえば東大寺の大仏だが、この仏像も歴史の産物である。幾度も戦火などの災害にあい、その都度修復されてきた。顔は江戸時代、胴部は鎌倉時代、台座の一部は奈良時代と修復の歴史が積み重ねられてきて、今の姿がある。法隆寺も唐招提寺もその他の社寺も古墳も遺跡も、先人たちが創建以降、何度も修復を重ねてきて、現代のわれわれに残してくれているものだ。

本書で取り上げられた「地理・地名・地図の謎」は、奈良県の長い歴史の積み重ねの結晶として現れてきたものであり、それは本文を読んでいただければ、よく分かっていただけるだろう。

「奈良まほろばソムリエ」とは何か、これは謎ではない。奈良商工会議所が主催する「奈良まほろばソムリエ検定」（奈良検定）というご当地検定があり、その最上級が「奈良まほろばソムリエ」である。「まほろば」（真秀場）とは素晴らしい場所、住みやすい場所という意味で、大和の代名詞である。ヤマトタケルの有名な歌「倭《やまと》は国のまほろば　たたなづく青垣　山隠《やまこも》れる倭しうるはし」に歌われている。

ＮＰＯ法人奈良まほろばソムリエの会は、「奈良まほろばソムリエ」有資格者を中心とした、まほろば（奈良）好きの集まりである。奈良好きが集まって、本書を監修した。

ぜひ本書を携えて、奈良・大和路を巡っていただきたい。そして奈良に興味を持ち、奈良を好きになってもらいたい。１人でも多く奈良ファンになっていただきたい、と切に願っている。

【目次】

第二章　地図に残された古代王朝の足跡

第三章 大和に伝わる信仰・伝説の謎

第四章　古式ゆかしい地名のルーツ

第五章 古都奈良の「今」がわかる迷宮地図

カバーデザイン・イラスト／杉本欣右
本文レイアウト／Ｌｕｓｈ！
本文図版／イクサデザイン
本文写真協力／聖林寺、御所市役所、天川村役場、吉野町役場、奈良市観光協会

第一章
奈良の古刹のミステリー地図

国宝として名高い興福寺の仏頭
もともとは興福寺の所有物ではなかった!?

奈良には数多くの仏像が存在するが、なかでも数奇な運命をたどった仏像といえば、興《こう》福《ふく》寺《じ》の仏頭《ぶっとう》として知られる銅造仏頭《どうづくりぶっとう》である。元は七世紀に造像された薬師如来像《やくしにょらいぞう》だが、今は頭部を残すのみ。ただし仏頭だけで高さ1メートル近くもあるため、さぞや巨大な如来像だったのだろう。切れ長の目とふっくらとした頬、柔和な微笑みと威厳が漂う造形が、白鳳《はくほう》時代の伝統を残し、破損仏ながら国宝に指定されている。

このように古い歴史を持つ仏像だが、じつは中世以降長らく姿を消していた。昭和一二年（一九三七）、現在の東金堂《とうこんどう》の解体修理が行なわれた際、本尊の台座のなかから、頭のみの破損仏として姿を現わしたのである。

この仏頭のたどった数奇な運命はこれだけではない。じつは造像当初から、興福寺の仏像だったわけではなく、かつて桜井市にあった山田寺《やまだでら》の本尊だったのである。山田寺は大《たい》化《か》元年（六四五）に始まる大化の改新で活躍した蘇我倉山田石川麻呂《そがのくらのやまだのいしかわのまろ》の氏寺。しかし石川麻呂は謀反の濡れ衣を着せられ、この寺で自殺した。のちに石川麻呂の無実が判明し、その冥福を祈って天武天皇《てんむ》七年（六七八）に鋳造開始されたのが、この薬師如来像（銅造薬師三尊像）だったのである。

では石川麻呂の冥福を祈って造られた像が、なぜ興福寺にあったのだろうか。

興福寺は藤原氏《ふじわらし》の氏寺として、摂関家《せっかんけ》の庇護を受けて強大な勢力を誇った寺院である。しかし平安末期に、興福寺は平氏《へいし》と対立。治承《じしょう》四年（一一八〇）に平重衡《たいらのしげひら》によって南都《なんと》は焼き討ちにされてしまう。このとき興福寺も全焼してしまった。翌年から直ちに再建が開始され、東金堂は元暦《げんりゃく》二年（一一八五）に再建されたが、本尊の製作費用の調達ができなかった。そこで代わりの本尊として目をつけたのが、当時衰退していた山田寺の薬師如来だ。かくして文治《ぶんじ》三年（一一八七）、薬師如来は興福寺のトップに無断で山田寺に押しかけた東金堂の堂衆《どうしゅう》によって講堂から運び出され、再建された東金堂の本尊として納められてしまったのである。

そんな仏像にまたもや悲劇が襲いかかった。応永《おうえい》一八年（一四一一）に東金堂が落雷で焼失した際、この仏像も頭部のみを残して焼け落ちてしまったのである。以来、仏頭は人々の前から姿を消し、東金堂の本尊も現在の薬師三尊像に代わる。

灰中から救い出された仏頭は、新たに鋳造された現本尊像の台座内部に、秘されるように納置された。そして、五〇〇年以上もの間、静かに眠り続けることになったのである。

聖徳太子建立の世界遺産・法隆寺に伝わる「七不思議」とは？

世界遺産の法隆寺《ほうりゅうじ》は、七世紀初頭、聖徳太子《しょうとくたいし》が建立したことでも知られている。聖徳太子が建てた斑鳩寺《いかるがでら》を前身とし、のちに法隆寺と呼ばれるようになった。

約一八万七〇〇〇平方メートルという広大な境内は、国宝である南大門《なんだいもん》、金剛力士像《こんごうりきしぞう》が安置される中門《ちゅうもん》、金堂や五重塔《ごじゅうのとう》をはじめとした荘厳な伽藍《がらん》が立ち並ぶ西院《さいいん》と、聖徳太子の斑鳩宮跡と伝わる東院《とういん》に分かれ、国宝・重文の建造物だけでも五〇棟を越える。

西院伽藍の中心である金堂は、中央部にふくらみのある丸柱や均整の取れたたたずまいを持つ世界最古の木造建築のひとつで、飛鳥時代に制作された釈迦三尊像《しゃかさんぞんぞう》などが安置されている。一方、東院の中心的な建物は夢殿《ゆめどの》である。端正な八角円堂《はっかくえんどう》の仏殿で、厨子《ずし》には聖徳太子の等身の像ともいわれる救世観音立像《ぐぜかんのんりゅうぞう》が安置されている。

荘厳な建造物群が約一四〇〇年の歴史を今に伝える法隆寺には、様々な伝説が語り継がれてきた。その最たるものが法隆寺の七不思議だ。諸説あるが代表的な七不思議は、①寺の建物にはクモが巣を作らない、②因可池《よるかのいけ》の蛙《かえる》に片目がない、③地面に雨だれの跡がつか

数々の文化遺産とともに七不思議が伝えられる世界遺産・法隆寺の五重塔。五重塔の相輪には鎌がかかっている。

ない、④南大門前に鯛石《たいいし》がある、⑤夢殿の礼盤《らいばん》の裏が汗をかいている、⑥五重塔の相《そう》輪《りん》に鎌がある、⑦伏蔵《ふせぐら》（隠された財宝）がある、といった内容である。

クモが巣を作らないことや片目がない蛙など眉唾《まゆつば》ものもいくつかあるが、すべてが事実でないのかというとそうでもない。

金堂と並ぶようにして建つ五重塔の屋根の相輪には、実際に鎌が備え付けられている。屋根に鎌とは確かに不思議な組み合わせである。いったいそこにはどのような理由があったのだろうか。

五重塔が現存するのは、この鎌のおかげ!?

その答えは、鎌倉時代にさかのぼる。

鎌倉時代、五重塔への落雷で火災が発生し、大工たちによる決死の消火でなんとか消し止められるという事件があった。その時、北室院《ほくしついん》に泊り込んでいた西大寺《さいだいじ》の興正菩薩《こうしょうぼさつ》・叡《えい》尊《そん》は、再びこのような事態が起こってはいけないと、対策を考えた。

そして考え出したのが、五重塔の各層に木簡《もっかん》に墨書《ぼくしょ》した護符《ごふ》を安置するとともに、鉄の鎌四本を相輪の四方にかけるというものだった。つまり相輪の鎌は雷除けのまじないのためにかけられたのである。

こうして五重塔の相輪に備え付けられた鎌が、以降六〇〇年間、雷から五重塔を守り続けてきたのである。

現在、相輪にかけられている鎌は、昭和の解体修理の折、大阪府堺市の水野鍛錬所の水野正範さんがその腕を見込まれ、製作したもの。その際、四本が五重塔に備え付けられた。同鍛錬所には予備として製作された一本の鎌が残されている。鎌は長さ約一・二メートルで、ずっしりとした重みを持ち、鎌が担う役割の重さを感じさせる。

このように法隆寺の七不思議は、歴史的な事実を踏まえたもの、事実ではないものなど虚実織り交ぜた内容になっている。

七不思議によって興味を覚えた民衆が参詣者となって法隆寺を訪れたことは、想像に難くない。

東大寺の転害門に、なぜ神社の注連縄がかけられている？

奈良といえば、おそらく多くの人が東大寺《とうだいじ》の大仏を思い浮かべるだろう。

東大寺は奈良時代に創建された総国分寺《そうこくぶんじ》で、正式には「金光明四天王護国之寺《こんこうみょうしてんのうごこくのてら》」と称した。国家仏教の中心として君臨した東大寺は、当時、東西ふたつの七重塔、巨大な大仏殿（金堂）などの堂宇《どうう》を擁し、威容を誇った。その後、度重なる火災や戦火などで衰退した時期もあったが、今も大仏殿をはじめ、南大門、二月堂《にがつどう》、法華堂《ほっけどう》（三月堂）など、多くの国宝建造物が伝えられている。

ただし、これらの建造物は後世の再建であり、創建当初のものではない。そうしたなかにあって、中世に大きく手を加えられた法華堂を除き、創建当初の建物として唯一残るのが、東大寺の北西に開かれた転害門《てがいもん》である。

ところがこの門を見て不思議に思う人が多いはずだ。なぜなら寺の門であるにもかかわらず、転害門には注連縄《しめなわ》がかけられているのである。注連縄といえば神様の神域を示すもので、神社の鳥居《とりい》や拝殿《はいでん》などにかけられるのが普通である。

お寺の守護神になった八幡様

それがなぜ、寺院の門にかけられているのだろうか。

その由来は聖武天皇《しょうむてんのう》が東大寺大仏を造立した八世紀にさかのぼる。

聖武天皇は国家の安寧を願って、天平《てんぴょう》一五年（七四三）、国家的事業として巨大な大仏の造立を発願《ほつがん》した。しかし国家を統べる天皇といえども簡単に進められる事業ではない。そこで大仏造立の成就を願い、宇佐八幡神《うさはちまんしん》の分霊を迎え入れることにしたのだ。

現代の感覚では、寺院が神様に加護を求めるのも奇妙な話だが、八幡神とはそもそも菩薩の姿をとる神のことであり、具体的なご祭神としては、大陸から新しい文物を受け入れて国の礎を築いた応神天皇《おうじんてんのう》が主に祀られている。神仏習合《しんぶつしゅうごう》のなかで、皇室から崇敬されるようになり、鎮守の神として信仰されるようになっていたのである。

また、歴史地理学者の千田稔《せんだみのる》氏によれば、八幡神は大仏造立に欠かせない銅の鋳造技術を日本にもたらした渡来豪族秦《はた》氏《し》と関わりが深く、その一族が宮司《ぐうじ》を務める香春神社《かわらじんじゃ》へ銅《どう》鏡《きょう》が奉納されていたことも、宇佐八幡勧請《かんじょう》の理由として考えられるという。

やがて八幡大神から「この大仏造立に協力する」という神託が下り、天平勝宝《てんぴょうしょうほう》元年（七四九）に大神社女《おおかのもりめ》という女禰宜《ねぎ》が神輿に乗って上洛《じょうらく》する。

東大寺北西の門で、創建当初から現存する転害門。寺の門でありながら、注連縄が張られている。

その際、神輿に宿った分霊が入られたのが、一条大路《いちじょうおおじ》に最も近いこの転害門であった。そしてここから手向山《たむけやま》へ向かわれたのだ。

その際、殺生《せっしょう》が禁じられたことから、門は「転害門（害を転じて除く）」と称されるようになったという。

こうして、八幡神は東大寺の鎮守となった。そして転害門は神様の通り道のため注連縄がかけられるようになったのである。その注連縄は四年に一度新調され、秋分の日にかけ替えられる。

また、この神様の勧請を起源に、今でも毎年十月、八幡神を宇佐から勧請したときの様子を再現した転害会《てがいえ》と呼ばれる神事がこの門で行なわれている。

新薬師寺は、東大寺大仏殿に匹敵する大きさの金堂を持つ大寺院だった！

春日大社の程近く、閑静な住宅地にひっそり佇《たたず》むのが薬師如来を本尊とする新薬師寺《しんやくしじ》である。一見「新しい薬師寺」と思われる名称であるが、本来は、「霊験新《れいけんあら》たかな薬師如来の寺」を意味する。

天平一九年（七四七）、光明《こうみょう》皇后が聖武天皇の眼病平癒《がんびょうへいゆ》を願って建立したと伝えられ、奈良時代建造の本堂を中心に、鎌倉時代以降の鐘楼《しょうろう》、地蔵堂などが配されている。本堂には本尊薬師如来を中心に、奈良時代制作の十二神将像《じゅうにしんしょうぞう》（一体のみ昭和の補作）が本尊を囲む形で安置されている。

今でこそ、こぢんまりとして古雅なたたずまいを見せる寺だが、創建された時には、現在の姿からは想像もつかないほど広大で絢爛《けんらん》たる大寺院だったという。その面積は四町四方に及び、金堂の左右に東塔と西塔が並び立ち、講堂、食堂《じきどう》、僧房《そうぼう》や僧院、経蔵《きょうぞう》など七堂《しちどう》伽藍《がらん》を擁した、奈良を代表する寺院のひとつだったのである。

しかし平安時代に金堂など多くの堂宇が倒壊し、以降、その規模は縮小。金堂も別の目的で使われていた建物が転用された。威容を誇った伽藍の多くも失われ、鎌倉時代に再興されて現在に至る。

最盛期の姿を推測させる資料はほとんどなく、当時の姿を再現することは難しいと思われていたが、その幻の大寺院の様相が平成になって突如蘇った。平成二〇年（二〇〇八）に奈良教育大学の敷地内の発掘調査で、かつての金堂跡をはじめとする新薬師寺の遺構が発見されたのだ。そしてその遺構から、想像を超える大寺院の姿が浮かび上がったのである。

規模も今より広大な敷地をもつのはもちろんだが、何より人々を驚かせたのは、金堂の巨大さである。金堂基壇は東西約六八メートル、南北約二八メートルで、その上に幅約六〇メートルの金堂が建っていた。これは平城宮《へいじょうきゅう》の大極殿《だいごくでん》より大きく、東大寺の大仏殿につぐ規模である。加えて幅約五〇メートルという当時としては珍しい総階段が設けられていたこともわかった。

縄張り争いから生まれた大寺院

それにしてもなぜ、これほどまでに大きな寺院が建てられたのだろうか。

もちろん、仏の功徳《くどく》にすがって天皇の病気を治したいという、光明皇后の強い思いの表われともいえるだろう。

ただし創建当初はそれほど大寺でもなかったようだ。それが奈良でも有数の寺院へと発展した裏には、今と変わらない「大人の事情」がからんでいたのである。

この新薬師寺を手がけたのは、東大寺建設の折に人手が不足して臨時に設けられた造東《ぞうとう》大寺司《だいじし》という官庁だった。この造東大寺司は東大寺建設を終えると、解散せずにほかの寺の建設も手がけるようになった。そのひとつが新薬師寺だったのである。

するとこれまで平城京の建造物を担当してきた、既存の建設官庁である木工寮《むくりょう》との縄張り争いが起こった。

その縄張り争いがエスカレートした結果、造東大寺司は少しでも大きな寺を築こうと、新薬師寺の拡大に着手したのである。

その象徴ともいえるのが前述の金堂だ。じつはこのような大規模な金堂を造ったのは、薬師仏を七仏並べて建立したからである。七仏薬師は、大変ありがたいものとされていたが、七仏も安置するのは資金的にも技術的にも難しく、一尊の光背に六体の化仏を用いて七仏を表わすのが習わしだった。それを七仏も作って安置したのだから、どれだけの大事業だったかが想像できるだろう。

新薬師寺は、まさに、縄張り争いの結果、生み出された大寺院だったのである。

西大寺は、東大寺に対抗するために建てられた？

平城宮の西側、今の近鉄の大和西大寺《やまとさいだいじ》駅でおなじみの西大寺は、かつて平城京の東の大寺・東大寺に対し、西の大寺・西大寺として奈良時代に建てられた寺院である。

現在では江戸時代以降に再建された本堂、四王堂《しおうどう》、愛染堂《あいぜんどう》、聚宝館《じゅほうかん》などが建ち並ぶ真言《しんごん》律宗《りっしゅう》の寺院である。この寺を訪ねると、何より、本堂前の東塔跡の巨大な基壇と礎石跡に驚く人も多いだろう。

それもそのはず、創建時には想像もつかないほどの大寺院だったのである。

寺域は平城京の町割りで三一町分、約五〇ヘクタールに及ぶ。平城宮の五分の二に匹敵する寺域を持ち、官寺である薬師寺の三倍もの規模を誇った。その建立に当たっては、住民を立ち退かせたとも伝えられている。そして薬師金堂、弥勒《みろく》金堂というふたつの金堂を中心に、四王堂、十一面堂院、東西の五重塔など百以上もの堂宇が立ち並んでいた。

この壮大な寺を建立したのは、東大寺を建立した聖武天皇と光明皇后の娘の孝謙上皇《こうけんじょうこう》（のちに重祚《ちょうそ》して称徳《しょうとく》天皇）である。

両親への抵抗が生んだ大寺院

なぜ、孝謙上皇は両親が建立した東大寺に対抗するような立地と規模の大寺を建てたのか。その答えは西大寺建立の発願《ほつがん》の日に秘められていた。

というのも発願した天平宝字《てんぴょうほうじ》八年（七六四）九月一一日は、藤原仲麻呂《なかまろ》（恵美押勝《えみのおしかつ》）が謀反を起こした日である。当時は、孝謙上皇の寵愛《ちょうあい》が聖武天皇や光明皇后が重用してきた藤原仲麻呂から藤原氏の政敵である僧の道鏡《どうきょう》へと移り、道鏡が権勢を振るい始めていた。これに危機をおぼえた仲麻呂が反乱を起こしたのだ。

すると上皇と道鏡は、かつて聖徳太子が四天王の守りを得て物部氏《もののべし》を滅ぼし、四天王寺を建立した例にならって、反乱平定の願いを込めた国家鎮護の寺として、四天王像を祀る寺を建立することを発願したのである。それが西大寺であった。

その際、藤原氏の勢力下にあった東大寺に対抗する意図により、平城宮を挟んで東大寺の反対側にあたる平城京の西北の一画に豪華絢爛な西大寺を建立したのだ。それは孝謙天皇時代、母光明皇后とその実家にあたる藤原氏に握られていた権力を、母亡き今、掌中に取り戻そうという娘の抵抗でもあった。そのため、西大寺は規模、立地などにおいて東大寺に対抗するようにして作られたのだ。七尺（約二一二センチ）もある金銅四天王像が最

※ 奈良の主な古刹――南都七大寺と法華寺――

西大寺…天平宝字８年(764)の称徳天皇の勅願により、道鏡のために建立されたといわれる寺院。

法華寺…藤原不比等邸の故地を娘の光明皇后が寄進して建立された寺。総国分尼寺として重要な地位を占めるに至った。

東大寺…天平5年(733)に創建された金鐘寺を前身とする。大仏造立に伴い、天平19年(747)頃から東大寺と呼ばれるようになったといわれる。 世界遺産

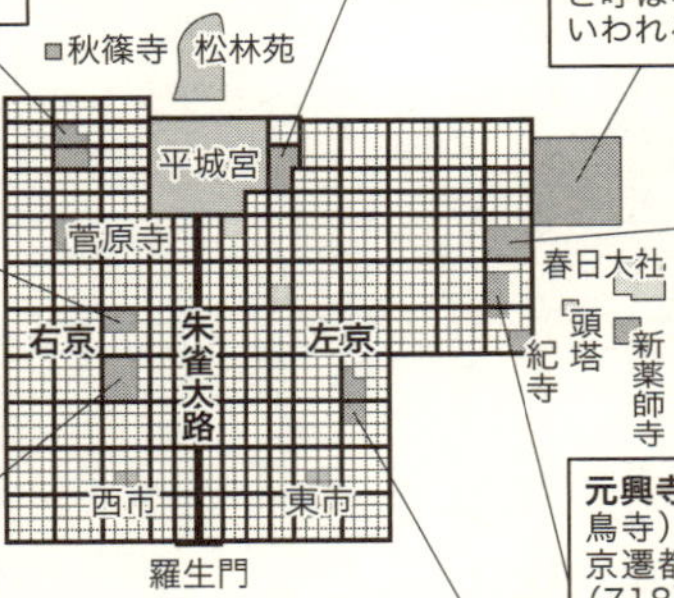

唐招提寺…日本に授戒制度をもたらした鑑真が戒律の実践道場として天平宝字3年(759)に建立した。金堂は奈良時代建立の寺院金堂として現存唯一のものである。 世界遺産

興福寺…中臣鎌足の妻とされる鏡王女が創建した山階寺を起源とし、和銅3年(710)の平城京遷都に際して現在地へ移転。藤原氏の氏寺として繁栄した。 世界遺産

薬師寺…天武天皇10年(680)に藤原京域に建立されたのち、養老2年(718)に現在地へ移転した。興福寺とともに法相宗の二大本山として繁栄した。 世界遺産

大安寺…百済大寺を前身とし、藤原京において大官大寺と呼ばれていたが、霊亀2年(716)に平城京へ移転し、大安寺と改称された。

元興寺…飛鳥の法興寺(飛鳥寺)を前身とする。平城京遷都に伴ない、養老2年(718)に現在地へ移転。しかし、法興寺も廃されなかったため、移転した寺院は元興寺となった。 世界遺産

初に造られ、四王堂も東西三〇メートルを超える巨大な堂宇となった。本尊ではなく、守護神である四天王像から造ろうとしたところに、称徳天皇の想いを読み取ることができる。

　このように称徳天皇の権力の象徴ともいえた西大寺だったが、その創建に至る背景がその後の命運に重くのしかかった。

　神護景雲《じんごけいうん》四年（七七〇）、称徳天皇が没した後、藤原氏は再び政権を掌中にする。すると藤原氏と深くかかわっていた東大寺は手厚い庇護を受けて発展していったが、西大寺は重んじられることなく衰退してしまったのである。それでも鎌倉時代に叡尊《えいそん》によって真言律宗の寺として復興され、江戸時代に伽藍が再興されて今に至っている。

唐招提寺の戒壇は、いつ建てられたのかわからない!?

近鉄西ノ京《にしのきょう》駅に近い唐招提寺《とうしょうだいじ》は律宗の総本山である。南大門をくぐると、その正面に「天平の甍《いらか》」と親しまれた創建当時の姿を残す金堂が壮麗な姿を現わす。その背後には平城宮東朝集殿《ちょうしゅうでん》を移築・改造した講堂が建ち、さらには鼓楼《ころう》、礼堂《らいどう》、宝蔵《ほうぞう》、経蔵など多くの建物が天平文化の厳かな息吹を今に伝えている。数ある堂宇のなかでも注目したいのが戒《かい》壇《だん》だ。というのも鑑真《がんじん》が開いた律宗は、戒律（僧が守る規則）の実践によって悟りを開くことを説くため、戒律の順守を誓う戒壇は不可欠な存在といえる。

中国僧の鑑真が来日したのも、授戒《じゅかい》制度を整えるため授戒の資格を持った戒律の師の派遣を日本から要請されたからである。鑑真はすでに高僧と呼ばれる身でありながら、自ら天平勝宝五（七五三）年に来日。東大寺大仏殿前に設けられた臨時の戒壇で聖武天皇らに戒を授け、その後、戒壇院を東大寺に建立した。以後、大宰府観世音寺《だざいふかんぜおんじ》と下野《しもつけ》薬師寺に戒壇を設けるなど、授戒システムの確立に尽力することとなる。唐招提寺にも境内の西側に戒壇が置かれているが、じつはこの戒壇、建立時期がはっきりしない。

鑑真が律宗の総本山・唐招提寺を建立したのは天平宝字三年（七五九）のこと。ところが戒壇建設についての記録がなく、建立時期は創建時説と鎌倉時代の弘安《こうあん》七年（一二八四）説とに分かれている。戒壇に関する記載は史料的には弘安七年再興というのが初出だが、平安以前の史料にも「壇場」などの記述があり、古くから存在した説も否定できない。

戒壇は江戸時代に倒壊し、元禄《げんろく》九年（一六九六）に五代将軍徳川綱吉《とくがわつなよし》の母・桂昌院《けいしょういん》の寄進によって再建されたが、嘉永《かえい》元年（一八四八）に焼失した。

その後の調査で八世紀の塼仏《せんぶつ》が出土し、戒壇の基礎は版築《はんちく》工法で築かれた積土であることが分かり、奈良時代のものであると判明したため、創建時に戒壇が築かれたものの、弘安七年（一二八四）に再興されたという説が有力である。しかしそうなると、全国に設けられた三つの戒壇のいずれかで授戒するという制度が確立されたにもかかわらず、なぜわざわざ唐招提寺に戒壇が設けられたのか、という謎が生まれてくる。

その答えは、次のように推理できる。三つの戒壇寺は授戒を目的に戒壇を設置したが、唐招提寺は、これら三つの寺を指導する立場の寺だ。鑑真が唐招提寺を開いた真の狙いは、戒律を継承することにある。戒壇がなければ戒律など教えられない。それは、三つの戒壇寺の本尊がそのまま唐招提寺の金堂に居並ぶ仏たちであることが示唆している。戒律道場の中心であることを示すため、戒壇は、寺の創建からそう遠くない時代に造られたのだろう。

菅原の里に東大寺の大仏殿にそっくりなお堂がなぜあるの？

西大寺からほど近い奈良市菅原町《すがわらちょう》。菅原氏発祥の地となった菅原の里に喜光寺《きこうじ》と呼ばれる薬師寺の別格本山がある。室町時代に再建された本堂は、裳階《もこし》（小さな屋根）をつけた寄棟造《よせむねづく》りで、西方の天窓から取り入れる光は阿弥陀如来の来迎《らいごう》を彷彿《ほうふつ》とさせる。

この寄棟屋根に裳階がついて二重に見える本堂を眺めたとき、かの有名な東大寺の大仏殿にそっくりではないかと気づく人も多いはずだ。それもそのはず、この本堂を十倍に拡大して建立したのが東大寺の大仏殿であるという伝承がある。そのためこの本堂は「試みの大仏殿」とも呼ばれてきた。なぜ、この本堂が大仏殿の試作となったのか。

東大寺と喜光寺のふたつの寺を結ぶのは奈良時代の僧、行基《ぎょうき》である。行基は国家が認める僧の資格を持たない「私度僧《しどそう》」でありながら、各地の民衆の中に入って布教するとともに、橋をかけ、道を整備し、病人のための施設を造るなど社会事業に身を投じたことで知られている。朝廷は当初、多くの民衆から支持を集める行基を弾圧していたが、その民衆への影響力から方針を変更し、東大寺大仏造営の勧進を要請した。

西の京郊外に佇む喜光寺の本堂。行基はこの喜光寺の本堂を10倍して東大寺の大仏殿を建立したと伝わる。

一方の喜光寺も行基ゆかりの寺である。霊亀《れいき》元年（七一五）に菅原氏の菩提寺として建立されたという説があるが、養老《ようろう》五年（七二一）、元明《げんめい》天皇の勅願による行基の創建で、元明、元正《げんしょう》、聖武天皇の勅願寺と伝えられている。

行基はすでに高齢になっていたにもかかわらず、弟子たちを率いて大仏造立に尽力した。晩年にはこの寺に隠棲し、天平二一年（七四九）に、八二歳でたくさんの人々に見守られながら亡くなったといわれている。その前年、聖武天皇が病床に伏す行基を見舞いに参詣した際に、本尊から不思議な光明が射したため、天皇は、歓喜光寺《かんきこうじ》の名を下賜《かし》したという。これより菅原寺は喜光寺と改名された。

全国の国分尼寺を統括した尼寺「法華寺」にスチームサウナ？

奈良時代、全国の国分寺を総括する総国分寺の東大寺に対し、総国分尼寺《そうこくぶんにじ》として国分尼寺を総括したのが、奈良市街の北郊にある法華寺《ほっけじ》（法華滅罪之寺《ほっけめつざいのてら》）である。この寺の土地はもともと父藤原不比等《ふひと》の邸宅を受け継いだ光明皇后（聖武天皇皇后）が、皇后宮としたのち、聖武天皇の菩提《ぼだい》を弔うために施入し、尼寺を建立したものである。

当時は、現在よりも南に広く約三倍の規模を誇り、金堂、南大門、中門と回廊、東西両塔、阿弥陀浄土院金堂などを備えた大寺院だった。現在は本堂、南門、鐘楼《しょうろう》が重要文化財の指定を受けているが、本堂は十七世紀に淀殿《よどどの》と豊臣秀頼《とよとみひでより》が再建したものである。本堂内に安置される本尊の十一面観世音菩薩立像《りゅうぞう》は、光明皇后の姿を写したものともいわれている。

その法華寺本堂の東側には、「からふろ」と呼ばれる建物がある。これは蒸し風呂、いわゆるスチームサウナで、一二五〇年前に使用された。江戸時代の再建だが、敷石の一部には奈良時代のものが残る貴重な建物だ。蒸気を焚くという性質上、建物は傷みやすいため、その都度修繕が加えられ、外観は変化しているが、民俗文化財として国の指定を受け

光明皇后の伝説が伝わる法華寺のからぶろ。法華寺の話によると、蒸し風呂体験では内部は畳一枚分ほどの広さの小部屋がふたつある。そこに浴衣を着て入り、椅子に座って 30 分程度入浴するという。

ている。

このからふろは、貧民救済に尽くした光明皇后が、病人などに薬草を煎じて沐浴《もくよく》させるために設けたものだ。皇后が一〇〇〇人の垢《あか》を流す請願をたてて、それを実行に移した逸話でも知られている。

この時、最後のひとりとして全身が膿《う》んだ病人が現われた。皇后がただれた肌から膿を吸い出そうと唇をあてると、病人の体は瞬く間に光り輝いて、阿閦如来《あしゅくにょらい》に変じたという。

現在、このからふろは一般公開していないが、年に一度光明皇后の命日である六月七日前後に、寺の信徒と「光明会」「友の会」の会員、一部の一般客が蒸し風呂を体験できるという。

平城京の町割りと食い違う坪割から浮かび上がる海龍王寺の意外なルーツ

平城宮の東北に位置する海龍王寺《かいりゅうおうじ》。中世の趣を残す表門や築地塀に囲まれた参道を通ると、大和の古寺の趣を感じることができる。

この海龍王寺は、飛鳥時代に毘沙門天《びしゃもんてん》を本尊として建てられた寺院を、天平三年（七三一）に光明皇后が海龍王寺として改めて創建。唐《とう》から帰朝した僧玄昉《げんぼう》が初代住持になったと伝えられる。玄昉が五〇〇〇余巻とも伝わる膨大な数の経典を持ち帰り、経典の写経が盛んに行なわれたため、写経発祥の寺ともいわれている。

寺号は玄昉が唐より帰京する航海の途中で嵐に見舞われた際、『海龍王経《かいりゅうおうきょう》』を唱えて九死に一生を得たことに由来するとされる。寺域が平城宮の東北の隅にあたることから、「隅寺《すみでら》」「隅院《すみいん》」とも呼ばれた。天平時代の伽藍配置は現在の本堂が中金堂にあたり、それをはさんで東西両金堂が配されていた。

さらに鎌倉時代には叡尊らの復興によって、大門、楼門、金堂、東西金堂、講堂、食堂、一切経蔵などを配した一大寺院へと発展したのである。

※ 地図から浮かび上がる海龍王寺の秘密

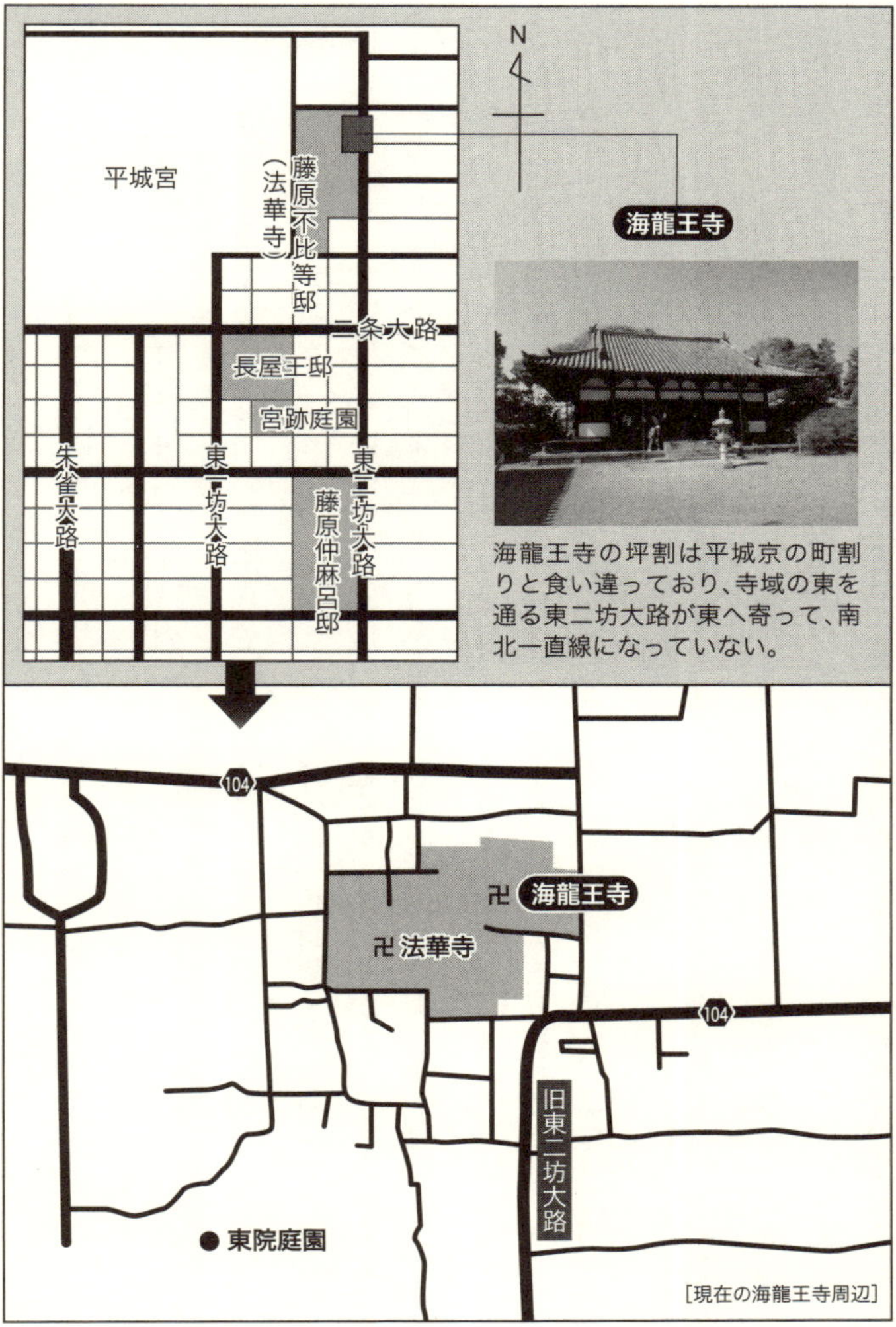

海龍王寺の坪割は平城京の町割りと食い違っており、寺域の東を通る東二坊大路が東へ寄って、南北一直線になっていない。

今では、奈良時代の造りを残した重要文化財の西金堂と、その中に安置されている奈良時代の五重塔として現存する国宝の五重小塔に、当時の趣を見ることができる。

飛鳥時代から存在していた古刹

この海龍王寺がなぜ飛鳥時代から存在していたといえるのか？

その証のひとつが坪割である。寺の坪割は左京一条二坊一四坪と三坊三坪にわたるが、平城京の町割りと食い違っているのだ。寺域の東を通る東二坊大路が六〇メートルも東に寄り、南北一直線になっていない。また、寺の条理も平城京の一町より狭いなど、ズレが見られる。つまり平城京本来の町割りから大きく外れているのである。

さらに発掘調査では平城京遷都前の時代の瓦が出土し、前身の掘立柱建築の遺構が発見されている。これらの物証から、海龍王寺は奈良時代以前から存在する、まさに古刹中の古刹だったことがわかる。

つまり、先に海龍王寺の前身寺院が存在しており、平城京の造営時、それに合わせて周辺の道が作られたのである。このとき、道に合わせて寺域の坪割を変更しなかったのは、平城京の造営を担った実力者の藤原不比等が仏教信仰の拠り所として、古くから存在していた寺院を、広大な邸宅に取り入れようとしたからではないかともいわれている。

飛鳥寺の地下には一塔三金堂式の法隆寺を上回る大伽藍が眠っている？

日本初の本格的な仏教寺院といえば、明日香村《あすかむら》にある飛鳥寺《あすかでら》である。推古天皇四年（五九六）に当時の最高実力者であった大臣《おおおみ》の蘇我馬子《そがのうまこ》が法興寺《ほうこうじ》として創建したと伝えられている。ただし、現在訪れてみると日本最古という言葉とは裏腹に、江戸時代に再建された小さな本堂が建つのみ。長閑な風景に溶け込んだ、こぢんまりとした寺である。

しかし、かつては現在の姿からは想像もつかない大伽藍であった。昭和三〇年代に始まった発掘調査により、飛鳥寺一帯の地下に眠っていた堂宇群の跡が姿を現わしたのである。調査結果によると、法興寺の規模は、東西約二六〇メートル、南北約三〇〇メートル。かの法隆寺をも上回る広大な寺域を持っていた。

現在、畑が広がる寺の南側には、かつて築地塀《ついじべい》がとりつく南門があり、その北側に続く中門をくぐると、寺の中心部に至った。そこには五重塔がそびえ、塔を中心に東、西、北、合わせて三つの金堂が建ち、それらを中門の左右にとりついた大回廊がぐるりと囲んでいた。三つの金堂のうち、最大の規模を持つのが中金堂で、重層の建物があったと推測されている。さらに回廊の外側後方には、寺院最大の建物となる講堂が配されていた。

日本で唯一の伽藍配置を持つ寺

驚くのはその規模だけではない。ひとつの塔と三つの金堂という伽藍配置は、日本では他に類を見ない独特のものだったのである。

このような伽藍配置は高句麗《こうくり》の都、平壌《へいじょう》の清岩里廃寺《せいがんりはいじ》で見出されていたため、当初、寺の設計は高句麗の影響を受けたといわれていたが、近年百済《くだら》の影響を受けているとの説が有力になりつつある。というのも、もともと飛鳥寺の造営には百済の工人が参加したとの記録は残るものの、高句麗の工人については記録が見られなかった。加えて近年、百済王が建立した扶余《ぷよ》の王興寺址《おうこうじあと》に類似した伽藍配置が認められたため、百済人の指導を受けながら日本式にアレンジして造営したのではないかと考えられているのだ。

そして飛鳥寺のもうひとつの見所が、今も本堂に本尊として安置されている日本最古の金銅仏とされる飛鳥時代の釈迦如来坐像《しゃかにょらいざぞう》だ。口元にアルカイック・スマイルをたたえた飛鳥様式の仏像の特徴をよく伝えている。像高二七五センチという規模は、後世のものに比べれば突出した大きさではないが、飛鳥時代にあっては大仏と呼ぶにふさわしい大きさだっただろう。まさに飛鳥寺は新時代の幕開けを告げる大寺院だったのである。

※建立当初の飛鳥寺

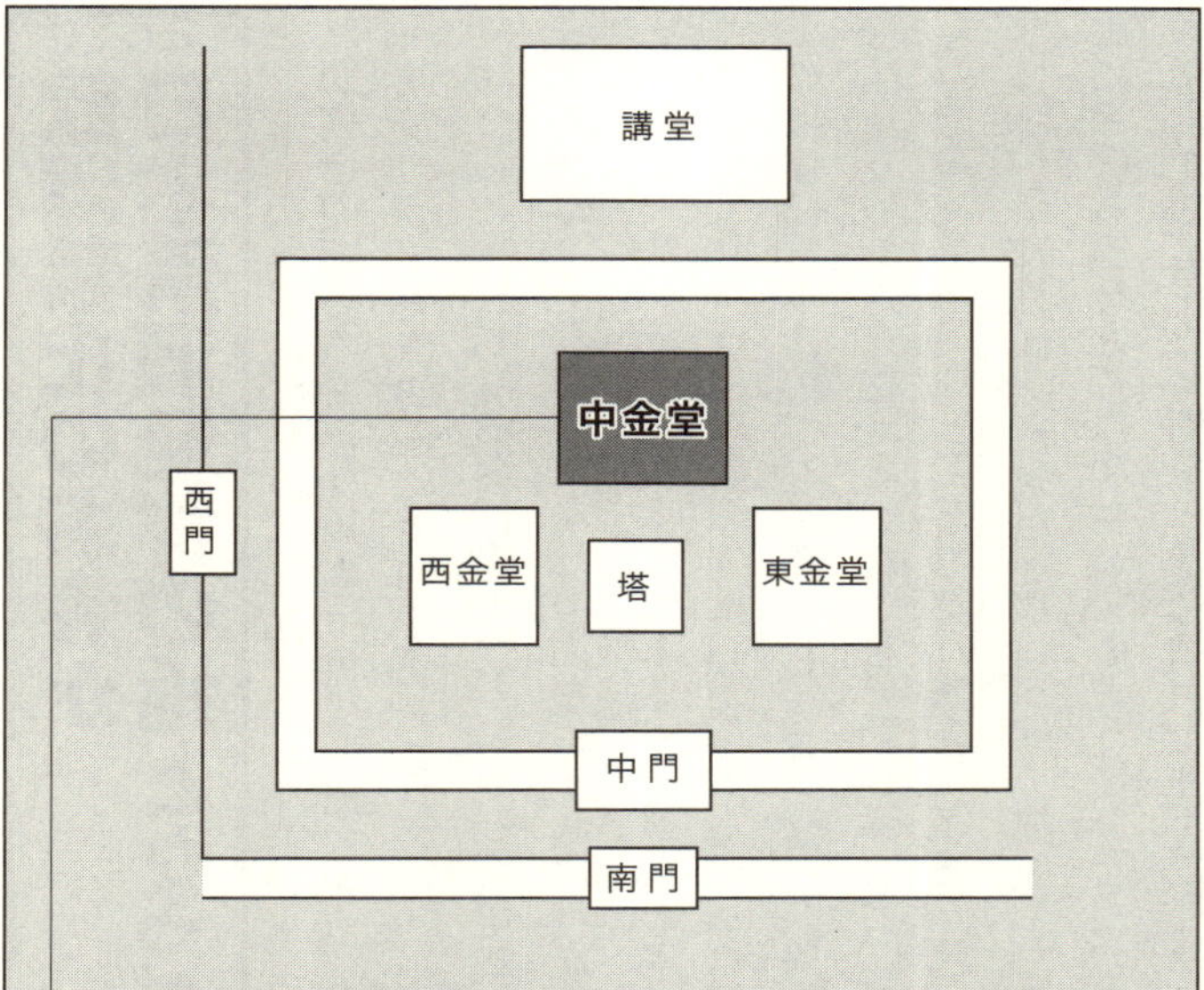

現在は飛鳥大仏を祀る本堂のみの伽藍となっている飛鳥寺であるが、日本初の本格的仏教寺院として建立された大寺院であった。昭和30年代の発掘調査では一塔三金堂という、日本に類を見ない伽藍配置であったことが判明した。

現在の飛鳥寺本堂。飛鳥大仏（釈迦如来坐像）を安置し、飛鳥時代の中金堂跡の上に建っている。

飲酒禁止のお寺が日本清酒発祥の地となったわけとは？

奈良市の南方の菩提仙川《ぼだいせんがわ》の上流に正暦《しょうりゃく》二年（九九一）、一条《いちじょう》天皇の勅願《ちょくがん》で九条関白藤原兼家《くじょうかんぱくふじわらのかねいえ》の子・兼俊僧正《けんしゅんそうじょう》によって建立された真言宗《しんごんしゅう》の寺院・正暦寺がある。その参道近くにはなんと「日本清酒発祥の地」という石碑が建っているのだ。しかし僧侶は本来禁酒のはずである。それなのになぜ清酒が生まれたのだろうか？

今でこそお寺といえば、仏様にお祈りするための場所というイメージだが、かつてはさまざまな文化、経済活動の先端地としても知られていた。そのひとつに酒造りがある。

酒自体は日本に古くから存在し、『魏志倭人伝《ぎしわじんでん》』にも登場している。六世紀頃には朝廷で酒造りの工人を抱えていたともいわれるなど、日本において酒は古くからなじみが深いものであったが、むろん寺院での酒造りは禁止されていた。

しかし奈良時代から平安時代にかけて進展した神仏習合《しんぶつしゅうごう》を受けて、鎮守《ちんじゅ》の神社や天部《てんぶ》諸尊に捧げる酒を寺で自家製造するようになったのである。とくに寺の荘園《しょうえん》で造られた米から僧侶が醸造するお酒を「僧坊酒」と呼んだ。それがやがて商品として製造されるようになり、経済活動の一環として行なわれるようになった。

ところが次第に僧坊での風紀の乱れが問題になったため、酒の製造を取りやめる寺院が増え、醸造の技術は酒屋へと受け継がれたのである。

革新的な醸造法は寺から生まれた!

そうした僧坊酒造りの中心となったのが正暦寺であった。同寺は最盛期には一二〇坊を抱えた大寺院である。広大な荘園を持ち、そこから豊富な米が納められたことに加え、境内には清流の菩提仙川が流れて水にも恵まれていたため、大量の僧坊酒を造るようになった。

やがて、仕込みを三回に分けて行なう「三段仕込み」や、麹《こうじ》と掛米の両方に白米を用いる「諸白造《もろはくづく》り」、腐敗を防ぐための「火入れ」など高度な酒造技術を生み出していった。

これらは革新的酒造法として室町時代の文献にも記されるほどであった。それを受け継いだ「南都諸白《なんともろはく》」が清酒製法の祖とされることから、正暦寺は清酒発祥の地として伝えられているのである。

この正暦寺では今でこそ清酒造りは行なっていないものの、近年、当時の酒造法が復元され、今では県内酒造メーカーが当時の製法に則した酒母《しゅぼ》(菩提酛《ぼだいもと》)の仕込みを毎年一月に行なっており、できあがった清酒は、各社の銘柄をつけて販売されている。

薬師寺と本薬師寺はなぜうりふたつの伽藍配置を持つのか？

かつての平城京の西側、今の奈良の西ノ京では、天平文化を彩る古式豊かな寺院が点在しているが、ひときわ目立つのが東西両塔のそびえる壮麗な薬師寺《やくしじ》だ。奈良を代表する風景のひとつとして欠かせない薬師寺であるが、もともと橿原市城殿《かしはらしきどの》町の本薬師寺《もとやくしじ》を前身とする寺である。

『日本書紀《にほんしょき》』によると、本薬師寺は、天武天皇九年（六八〇）一一月、天武天皇が皇后（のちの持統天皇《じとうてんのう》）の病気平癒を祈願して薬師如来を本尊として、のちに藤原京《ふじわらきょう》域内に含まれる橿原市城殿町に建立させたのが始まりである。皇后の回復後も造営は進められ、天皇の没後は持統天皇が遺志を引き継いで造営を続けた。『続日本紀《しょくにほんぎ》』によれば、文武《もんむ》天皇二年（六九八）には金堂、講堂、東西両塔を持つ壮大な寺院として完成したとある。

ところが和銅《わどう》三年（七一〇）に都が藤原京から平城京へと遷都したため、養老《ようろう》二年（七一八）に薬師寺も平城京の右京六条二坊へ移転することとなったが、藤原京の旧寺も平安後期まで法灯《ほうとう》を保ち、本薬師寺の名が定着していった。

薬師寺論争！　新築か移転か⁉

薬師寺の堂宇のなかでも東塔《とうとう》は、裳階と呼ばれる小さな屋根を持つ三重の塔で、その美しい意匠から「凍れる音楽」とも呼ばれて親しまれてきた。

今では国宝に指定されている東塔だが、じつは建立年代については謎がある。平城京で新たに建立したという新築説と、藤原京の薬師寺の建物を移築したという説に分かれて論争が続いているのだ。前者であれば天平建築、後者であれば白鳳《はくほう》建築ということになる。

移築説は、もともとは明治時代に、薬師寺の東塔だけが唐招提寺金堂など周囲の天平建築より、一時代古いので白鳳建築ではないかと建築史の学者が唱えたのが始まりである。

その後の調査などで一一世紀の『薬師寺縁起《えんぎ》』の「古老の伝」に、「本尊を本薬師寺から平城京へ迎え入れるのに七日かかった」とあり、さらに本薬師寺の伽藍配置ばかりか、金堂の礎石《そせき》の位置（柱の間隔）、東西両塔の規模などが現在の薬師寺とほぼ一致することも明らかになった。そのため藤原京の本薬師寺の伽藍を忠実に移築して、再現したという説が唱えられ、薬師寺はこれを支持している。

しかし、規模やプランが同じというだけでは移築したとはかぎらず、同じように模して造られたと考えることができる。そのため新築したという説が唱えられた。

その根拠は本薬師寺の塔が、天平一九年（七四七）頃、さらには一一世紀頃にも存続していたことを示す記録があることだ。つまり、長い間、薬師寺と本薬師寺は並存していたというのである。本薬師寺から移築した後に、わざわざ元の本薬師寺に伽藍を新築したというのは考えにくい。

そのため西塔の造営直前に移転が決まり、材料を運んで薬師寺で組み立て、その後に本薬師寺に塔を再建したという説も唱えられたりしたが、今では新築説が有力になっている。ただし、新築、移築のいずれにしろ元の白鳳伽藍を模して造られたことはほぼ間違いないだろう。現在、本薬師寺跡は小堂があるだけだが、礎石跡などが残っており、大伽藍の存在を物語っている。

一方平城京に移った薬師寺は、当初は天皇勅願の寺だけに壮大な伽藍をもつ大寺院であったが、度重なる火災で十六世紀頃までには伽藍の大部分が焼失し、東塔だけが唯一現存する創建当時の建物となってしまった。

しかし、昭和から平成にかけて復興が発願され、金堂、西塔、中門、回廊、大講堂が次々に再建され、一三〇〇年ぶりに幻の白鳳伽藍の世界が蘇っている。なお、平成二五年（二〇一三）現在、東塔は平成三一年（二〇一九）まで解体修理中であり、論争の行方を左右する手がかりが見つかる可能性も期待されている。

※ 本薬師寺と同じ伽藍配置を持つ薬師寺

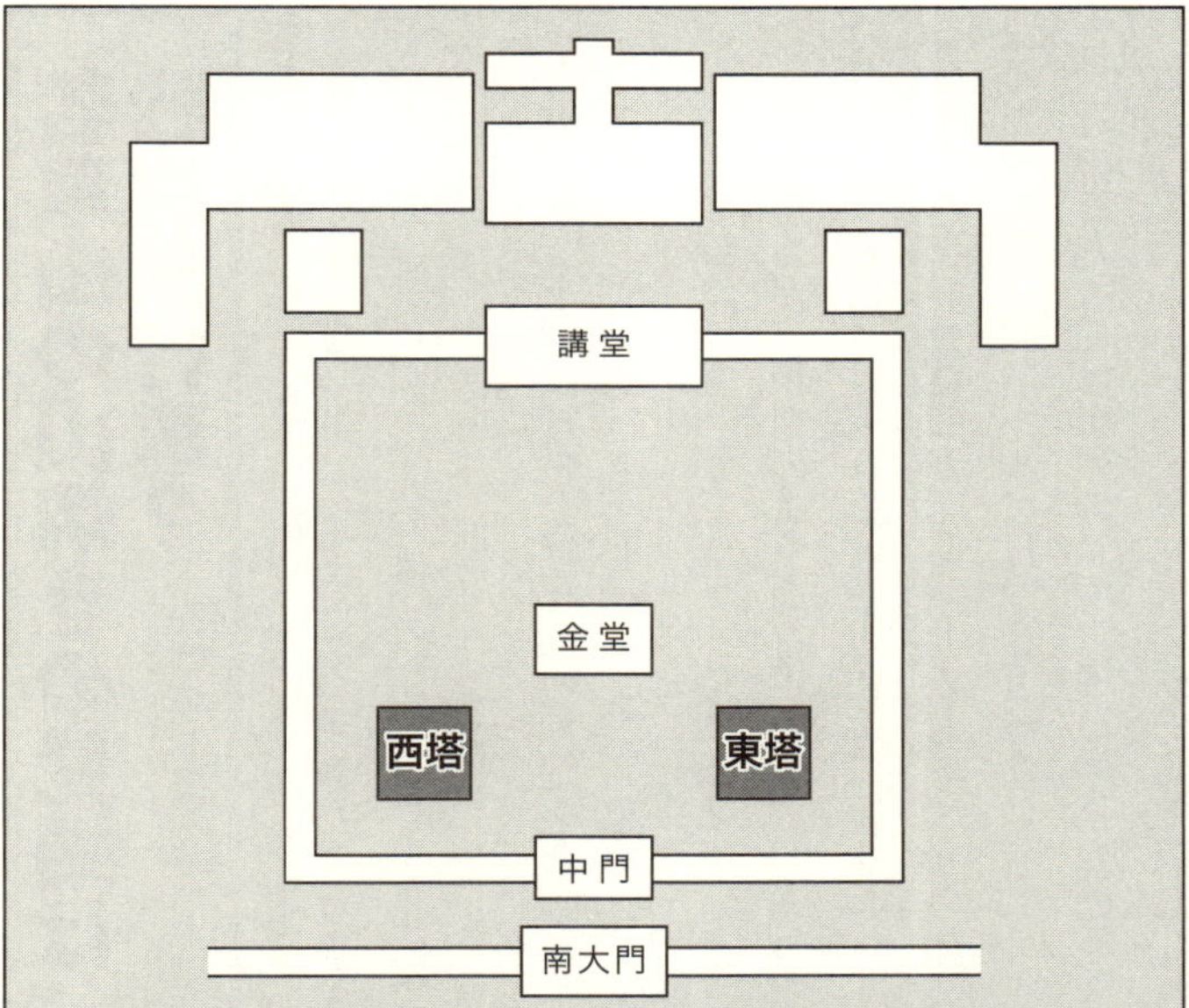

薬師寺の伽藍は、白鳳期に建立された本薬師寺と伽藍配置ばかりか、金堂の礎石の配置、東西両塔の規模などが、天平期の建設である現在の薬師寺とほぼ一致する。

薬師寺の東塔と西塔。薬師寺の塔は、各層に裳階(小さい屋根)が設けられているため六重に見えるが、実際は三重塔。とくに東塔は薬師寺で創建当時から現存する唯一の建造物で貴重なもの。34.133mの高さを持ち、屋根の上には飛天が彫り込まれた水煙を持つ10.34mの相輪が配されている。

若草山の山焼きの発端は、野焼き行事？

東大寺の東に位置し、山笠《やまがさ》を三つ重ねたような姿から三笠山《みかさやま》とも呼ばれている若草山《わかくさやま》。若草山と聞いて思い出すのは、毎年一月、全山に一斉に火を放ち、山を燃やしてしまう「山焼き」という行事だろう。

夕方、夜空を彩る打ち上げ花火の号砲を合図に、消防団員ら約三〇〇名が松明《たいまつ》で全山の山肌に点火。火は凄まじい音をたてて、巻き上げるような炎のリレーで斜面を燃え上がり、またたくまに夜空を焦がしていくのである。

この山焼きが、現在のような行事として始まったのは明治三三年（一九〇〇）のこと。ただし山焼き自体はそれ以前から盛んに行なわれていたようで、江戸時代にもたびたび火がかけられていた記録が残る。しかしいつから始まったのか、何のために山を焼くようになったのかは、諸説あってはっきりしない。

最近の有力説では山頂の鶯塚古墳《うぐいすづかこふん》（牛墓《うしはか》）の霊魂を鎮めるためであるとされるが、江戸時代に山を焼かないと翌年に災いがあると恐れられていたとか、興福寺と東大寺が境界を争った末、対立をおさめるために山を焼いたことに由来するという説などがある。

しかしその背景には、近隣の農民による野焼きの習慣があったからではないかと考えられる。古くから農民たちの間には害虫を防ぐ目的などから、収穫を終えた田畑など野を焼く風習があり、山も焼いて芝生の坊主山にすることで、害虫を防いだり、枯れ草を焼くことで、田畑の肥草や牛馬の飼料などになる草の春萌えを促したのだという。

毎年1月、全山に一斉に火が放たれる「山焼き」の風景。（奈良市観光協会提供）

いわば、農民たちの生活の知恵から生まれた行事だったともいえる。

その後、かつて寺同士がその領有を争ったともいわれた若草山は、明治時代の上知令《あげちれい》で官有となり、現在も国有地（奈良公園の一部）になっている。

出雲建雄神社に残る巨大寺院の遺構の価格は七五円!?

天理市の石上神宮《いそのかみじんぐう》から南へ八〇〇メートル、山の辺の道近くの大きな池のほとりの一角に「うち山や　とざましらずの　花ざかり」という松尾芭蕉《まつおばしょう》の句碑《くひ》が静かに佇んでいる。今では、その栄華を織り込んだのであろう芭蕉の句とは想像もつかない寂れた一角になってしまっているが、じつはこの場所は内山永久寺《うちやまえいきゅうじ》という大寺院の跡地なのである。

内山永久寺は、永久年間（一一一三～一一一八）に鳥羽《とば》天皇の勅願によって創建され、寺号はその年号にちなむ。山荘の性格を持つ寺院として発展し、鎌倉時代には本堂、真言堂、吉祥堂《きっしょうどう》、観音堂、御影堂《みえいどう》、多宝塔《たほうとう》、鐘楼ほかの堂宇が大伽藍を形成していた。江戸時代には寺領九七一石を与えられて、大和では興福寺、東大寺、法隆寺に次ぐ待遇を受けていた。五町四方の広大な境内には、五二の伽藍が立ち並び、その姿は大和の日光と呼ばれるほど。芭蕉がその栄華を思わず句に詠んだのも納得の壮観な姿を見せていたのである。

しかし明治時代の神仏分離令に端を発する廃仏毀釈《はいぶつきしゃく》でその栄華は一転する。

永久寺の僧たちは還俗《げんぞく》させられて石上神宮の神官となり、寺も明治七年（一八七四）に

現在では浄土式庭園の遺構である大きな池と、芭蕉の句碑が佇むのみとなっている内山永久寺跡。

廃寺となった。廃絶した寺の所有物や寺地は競売に出され、建造物から寺宝などが瓦一枚に至るまですべて売り払われてしまったのである。

ただし、この寺の堂宇は今も見ることができる。というのも寺の鎮守三社の拝殿《はいでん》は石上神宮によって購入され、同社の境内摂社である出雲建雄《いずもたけお》神社の拝殿になっているからだ。拝殿は鎌倉時代に築造されたもので、正面五間のうち中央の一間を土間として通り道とした「割拝殿《わりはいでん》」の形式を持つ。現存最古の例として国宝に指定されている。

そんな貴重な拝殿につけられた当時の価格は、七五円。もちろん当時の七五円と今の相場は桁違いではあるものの、二束三文で売り払われたのだろう。

聖林寺のご本尊は、難産の女性の身代わりとなって汗をかく？

お地蔵様といえば、地獄での苦しみの身代わりになってくれたり、人々に延命をもたらしてくれたりと、さまざまな身近なご利益で知られるが、女性にとってありがたい願いをかなえてくれるのが、桜井市南部にある聖林寺《しょうりんじ》の地蔵菩薩《じぞうぼさつ》である。

聖林寺は三輪山《みわやま》の南、安倍嶋山《あべしまやま》の中腹、苔むした石垣の上に建ち、山門から三輪山《みわやま》や箸《はし》墓《はか》古墳など大和盆地を見渡す展望が開けた古寺である。

八世紀に藤原鎌足《かまたり》の長男定慧《じょうえ》が創建したと伝えられ、江戸時代に性亮玄心《しょうりょうげんしん》が中興したといわれる由緒ある寺院で、約二メートルもある客仏の国宝・十一面観音立像は、天平時代の傑作として訪れる人々を魅了している。

さらに、この聖林寺は女性の間では安産・子授けの寺としても名高い。なぜなら本堂に安置されている本尊は観音像ではなく、安産、子授けの子安延命《こやすえんめい》地蔵だからである。

坐像ながら高さが三・五メートルもある巨大な石造の地蔵菩薩で、大和では最大の石の地蔵仏とされる。その大きさだけでもかなりのインパクトがあるが、法衣《ほうえ》には彩色が施さ

古刹聖林寺の本尊・地蔵菩薩。難産の妊婦に代わって汗をかくという。（聖林寺提供）

れており、華やかさも兼ね備えたお地蔵様だ。

難産の女性の身代わり菩薩

これほどの石造仏を造るのは簡単ではなかったと思われるが、そこに至るまでにはある強い思いが込められていたのだという。

この本尊は江戸時代の元禄《げんろく》期、姉が難産で苦しむ姿を見てきた文春諦玄《ぶんしゅんていげん》が、女人の泰産を願って祈念。四年七カ月におよぶ托《たく》鉢《はつ》で集められた浄財《じょうざい》を用いて造られたものなのだ。

造像にあたっては、地蔵菩薩が文春の夢枕に立ち、仏師を指定したという逸話も伝えられている。

女性にとってお産は命がけであり、当時

は子授けの願いもより切実だっただろう。

そんな女性たちの思いを受けとめたのか、この地蔵菩薩はなんと、難産の女性の身代わりになって汗をかくといわれている。

実際に梅雨時などにはお顔や体の表面に水滴がつくという不思議な現象が起こっており、それはまさに身代わりとなって汗をかいてくださったと見なされてきたのだ。

ただしこの現象は、氷水のコップに水滴がつくのと同じ原理によるもの。地蔵像の台座が地面に接しているため、石仏の温度が低く、本堂内の温度や湿度が高い場合、石仏に水滴がつくというものである。

とはいえ、かつて難産の女性を救いたいと祈念して造られた本尊だ。安産と子授けの霊験もあらたかであり、参拝する人があとを絶たない。

第二章

地図に残された古代王朝の足跡

なぜ、平城京には大極殿の跡がふたつもある？

近鉄大和西大寺《さいだいじ》駅を降りて東に向かうと、ぽっかりと原っぱのような空間に出る。朱塗りの柱が印象的な巨大な門や宮殿が目の前に出現し、異質な世界に迷い込んだかのような錯覚を覚える人もいるだろう。

この空間こそ平城宮跡《へいじょうきゅうせき》であり、平城宮の入り口となる壮麗な正門「朱雀門《すざくもん》」が訪れる人を迎えてくれる。

今では朱雀門に加え、東院《とういん》庭園や大極殿《だいごくでん》の復元、内裏《だいり》跡の整備なども進み、平城宮の世界が蘇りつつある。

復元された平城宮域内の建造物のなかでも、天皇の即位をはじめ、元日朝賀《ちょうが》、外国使節の謁見《えっけん》という国家儀式としての限られた用途に用いられたのが、朱雀門から八〇〇メートル北に平成二二年（二〇一〇）、復元された第一次大極殿である。

約三・四メートルの基壇のうえに復元された大極殿は、正面約四四メートル、高さ約二七メートルという規模を持つ。四四本もの朱色の柱がじつに鮮やかで、荘厳さを印象付け

2010年の平城京遷都1300年に合わせて復元された平城宮の第一次大極殿。

る。

この大極殿から南を見渡すと、そこには広大な前庭（大極殿院）が広がる。まさに大極殿は、堂々たる平城宮の正殿だったのである。

ふたつの大極殿跡が語る遷都の歴史

ところが大極殿の前庭から東へ眼を移すと、そこにはもうひとつ大極殿の巨大な基壇が残されている。平城宮には、朝廷の中枢となる正殿がもうひとつ存在していたことになるが、これはいったいどういうことだろうか。

じつは遷都の際、藤原京《ふじわらきょう》から大極殿を移築しようとしたが、間に合わなかった。大極殿がない状態を防ぐため、先に東側に日常の政務を行なう大安殿《だいあんでん》という建物を建て、そこで本来大極殿で行なう儀式を一時的に担うことにした。

そして藤原京から大極殿が移築されると、儀式は大極殿、日常政務は大安殿と、機能をそれぞれ分担したのである。

しかし聖武《しょうむ》天皇の時代、藤原広嗣《ふじわらのひろつぐ》の乱が起こると、天皇は天平《てんぴょう》一二年（七四〇）、木津川《きづがわ》流域の恭仁京《くにきょう》への遷都を敢行。この時、藤原京から移築した大極殿も一緒に移築したのである。

その後、難波宮へと再び遷都したことなどもあり、当初の平城宮大極殿は恭仁京に残されたままとなり、のちに山背国国分寺《やましろのくにこくぶんじ》の金堂《こんどう》として転用された。

一方、都は五年後に平城京に戻ってきたのだが、ここにはもう大極殿が存在しない。そこで当初東の大安殿を代用したが、やがて大安殿を立て替えた。その結果、日常の政務空間と儀式空間を再統合させた新しい大極殿が誕生したのだ。

同じ宮城内にふたつの大極殿が存在するのは、以上の理由による。

こうして平城宮内に生まれたふたつの大極殿は、当初の大極殿を第一次大極殿、平城京に戻ってきたのち、大安殿の場所に新築された大極殿を第二次大極殿と呼ばれて区別されている。

日本最古の道「山の辺の道」は、なぜ曲がりくねっているのか？

奈良には、『古事記《こじき》』や『日本書紀《にほんしょき》』にもその存在が記された日本最古の道がある。それが「山の辺の道」である。現在の桜井市から天理市を経て奈良市へと続く道で、直線距離にして約二三キロである。起源は大和《やまと》王権が誕生した四世紀初頭前後にさかのぼり、崇《す》神《じん》天皇陵が「山辺道勾岡上陵《やまのべのみちのまがりのおかのへのみささぎ》」と表記されるなど、『古事記』にもその名前が登場するが、当時の正確なルートは判明していない。

天理市から奈良へ至る道はほとんど消滅してしまっているものの、とくに三輪山《みわやま》の麓、大神《おおみわ》神社から石上《いそのかみ》神宮までの約一五キロは、万葉歌碑《まんようかひ》や古代の史跡を訪ねたり、四季折々の自然を愛《め》でたりできるハイキングコースとして親しまれている。

この道は、水運の要衝であった海柘榴市《つばいち》を起点に、大神神社や檜原《ひばら》神社など神さびた社を通り、道沿いやその周辺には、卑弥呼《ひみこ》の墓という説もある箸墓古墳《はしはかこふん》をはじめ、景行《けいこう》天皇陵、崇神天皇陵といった大型の前方後円墳が点在し、古代のロマンに思いを馳せることもできる。

それにしてもなぜ、ここに日本最古の道ができたのだろうか。

まず、この道ができたのは、一帯がヤマト政権発祥の地であるからにほかならない。起点となった海柘榴市は、当時大和川をさかのぼる水運の要衝として栄え、市が開かれた繁華街であった。また、現在の巻向《まきむく》駅周辺には邪馬台国《やまたいこく》の宮殿跡とも考えられる建物柱跡が見つかった纏向《まきむく》遺跡が広がっている。そうした場所同士をつなぐ道が発達するのは歴史の必然といえよう。いわば、山の辺の道は、古代大和政権の主要幹線道路であったのだ。

集落が生まれ、道が生まれた

実際に山の辺の道を歩いてみると、三輪山の西の裾を集落、田畑、木立の間を縫うように進み、起伏に富み、曲がりくねった道が続く。通常幹線道路というと、極力カーブを廃して目的地との間を最短距離で結ぶものだが、山の辺の道は大和政権の主要道路でありながら、なぜ曲がりくねっているのだろうか。

実は、山の辺の道は計画的に造られたわけではなく、集落と集落を結ぶ人の踏み分け道が、やがて石上神宮、平城《なら》山を越え、山背《やましろ》へと至る自然の道を生み出したと考えられている。集落は湧き水など水のある近くに主に営まれていただろう。ぽつんぽつんと点在する集落と集落を結ぶ踏み分け道は、必ずしも直線とはいかなかったと思われる。しかも当時、平野部である大和盆地は沼や湿地が点在していたという。住民たちはこれらを避けるように歩いたため、山裾をくねり、曲がりくねったような道ができたと考えられている。いわば自然の地形に沿った道だったのである。

もっとも、現在の山の辺の道は当時のルートとは異なっている。たとえば現在では景行陵から崇神陵へと尾根筋を突っ切っているが、『古事記』では崇神陵の所在地を「山辺道勾岡上陵」と記している。よって、山の辺の道は崇神陵の西を通るのが、本来の道筋と考えるのはどうだろう。

※ 古代天皇の宮跡が伝わる山の辺の道

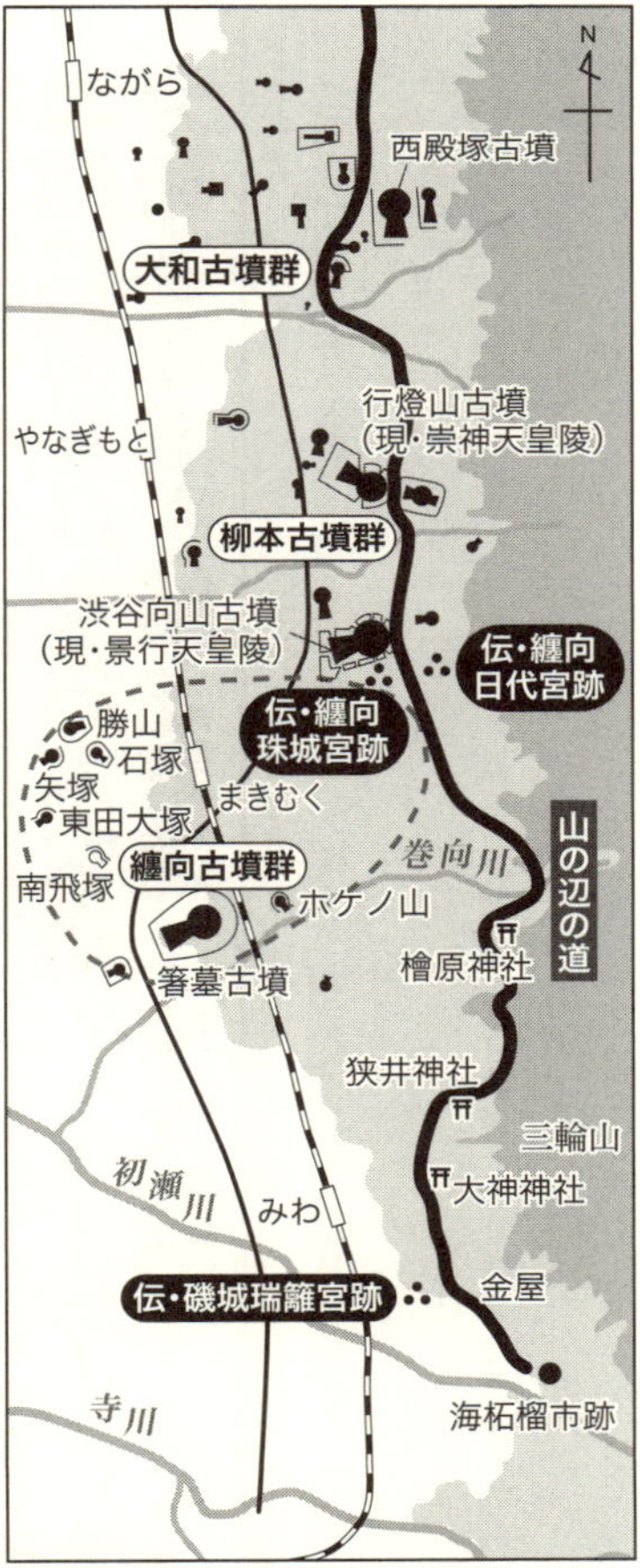

かつて飛鳥から奈良への全長約35キロをつないでいた山の辺の道。山裾をくねりながら走っているのは、平野部である大和盆地に沼や湿地が点在しており、人々がこれらを避けるように歩いたためである。

地図に隠された巨大な道
大和と難波を結ぶ官道「横大路」

「山の辺の道」が日本最古の道であるとすれば、日本最古の国道一号線といえるのは横大《よこおお》路《じ》だろう。

大和八木駅にほど近い橿原市の八木町は近世、商業地として栄えた町である。その大和八木駅の駅前は近代化された町並みに変わっているが、駅前商店街を少し行くと閑静な住宅地へと入る。

とはいえ、道路の道幅は車がかろうじてすれちがえるぐらいのわずか五メートルほどのものであるが、この道こそ、古代の国道一号線「横大路」の現代の姿なのである。

そう、今でこそ道幅は五メートルほどしかないが、元の道幅はなんと三〇メートル以上。現在の道路でも三〇メートルに近い幅といえば相当に広い道路だ。そんな道路が車やトラックなどが通らない古代に造られていたのである。

かつての横大路と下ツ道が交わる交通の要衝「札ノ辻」。

日本のシンボルとなった横大路

横大路が開かれたのは、推古《すいこ》天皇二一年（六一三）のこと。『日本書紀』には、「難波《なにわ》より京に至るまでに大道を置く」とあり、宮の置かれる飛鳥《あすか》と難波津《なにわつ》を結ぶ官道として開かれたことがわかる。

その道程は、七世紀の計画によると、まずは難波京を南北に走る朱雀大路《すざくおおじ》から真南に向かう。

朱雀大路が金岡神社に突き当たったところで東へ進路を換える。やがて竹内峠《たけのうちとうげ》を越えて大和を入った長尾神社辺りからが横大路で、東へ高田、八木を経て、桜井市仁王堂の、小西橋のほとりまで、ほぼ一直線の道が通っていた。

後世には伊勢神宮《いせじんぐう》の参詣道としても発達するなど、近世においても重要な道とみなされてきた。

横大路が開かれた当初、難波津は、日本の海の玄関口であり、大陸の先進文化を受け入れる窓口ともいえる場所であった。

そのため難波津から大和へと続くこの道を通って、大陸からの文物が大和にもたらされ、または遣隋使《けんずいし》などもここを通って大陸へと向かった。日本の国際交流の橋渡しを担った国家の重要な道であったのである。

幅三〇メートル以上といわれるような広い道路が造られた理由もここにある。

この大路は、文化交流を担うと同時に、各地の豪族や外国使節に対する権勢や国力のシンボルともいえる場所であった。

ここで壮大な行列が行き交う姿は、地方の豪族には隔世の感を与えて圧倒し、外国使節には日本の国力を誇示することにつながっただろう。

果てしなく広がるかのような巨大な道路に、古代の人々の驚く姿が目に浮かぶようだ。

明日香村に点在する石造物は、道教世界を再現しようとした女帝の夢の跡

奈良県明日香村《あすかむら》は、飛鳥寺や橘寺《たちばなでら》などの古寺のほか、乙巳《いっし》の変の舞台となった飛鳥板《いた》蓋宮跡《ぶきのみやあと》や、権力者・蘇我馬子《そがのうまこ》の墓といわれる石舞台《いしぶたい》古墳など飛鳥時代の遺跡が点在し、豊かな自然とともに古代のロマンを満喫できる古代宮都の地でもある。

そんな明日香村を散策すると、旧跡や寺院に混じって奇妙な石造物が点在していることに気づく。

飛鳥板蓋宮跡の北西には石神《いしがみ》遺跡や導水設備を供えた飛鳥京苑池遺跡があり、北東にはこれも導水施設とみられる酒船石《さかふねいし》や亀型石槽《かめがたせきそう》が発見され、さらに亀石《かめいし》や石人像、二面石などの石造物が点在している。

これらのほとんどが七世紀の女帝斉明《さいめい》天皇の時代に造られたものといわれる。

斉明天皇は土木工事に執心したことで知られ、『日本書紀』には、天理市の石上山から一二キロ離れた橿原市の香具山《かぐやま》まで石材を船二〇〇隻に積んで運河で運び、宮の東の山に石を積み重ねて垣としたという記録も見える。運河と石垣の造営にあわせて延べ約一〇万

人余りが動員され、時の人はこれを「狂心《たぶれごころ》の渠《みぞ》」と誹謗《ひぼう》したとされる。

斉明天皇が目指した理想郷とは?

ただし斉明天皇もただの興事《おこしつくること》で工事を断行したわけではなかった。ここまでして斉明天皇が土木工事に執心した裏には、ある強い意志が隠されていたともいわれている。

当時は大化の改新の改革政治が行なわれるなか、孝徳《こうとく》天皇が没するとともに都が難波から飛鳥に帰還した時期である。斉明天皇は新時代に向け、飛鳥を王権の支配拠点として確立しようとしていた。酒船石や亀型石槽など数々の石造物の多くは王権の儀礼や饗宴に用いるための導水施設であったと考えられる。天皇は飛鳥の都を国際社会に通用する王権の舞台空間へと作り変えようとしていたのである。

その目指す世界は、中国から伝えられた道教《どうきょう》が描く不老長寿の仙境だったようだ。

斉明天皇は、飛鳥の東にそびえる多武峰《とうのみね》の二本のケヤキのわきに道教の「道観《どうかん》(仏教の寺院に相当)」を建て、「両槻宮《ふたつきのみや》」としたが、この宮を「天宮」とも呼んだ。道教では「天宮」は、仙人の住む天上の宮、不老不死の理想郷を意味しており、斉明天皇は、道教による理想郷を飛鳥の地に再現しようとしていたともいわれている。

石造物に彩られた都には、永遠を意味する意図が込められていたのかもしれない。

※飛鳥村の石造物

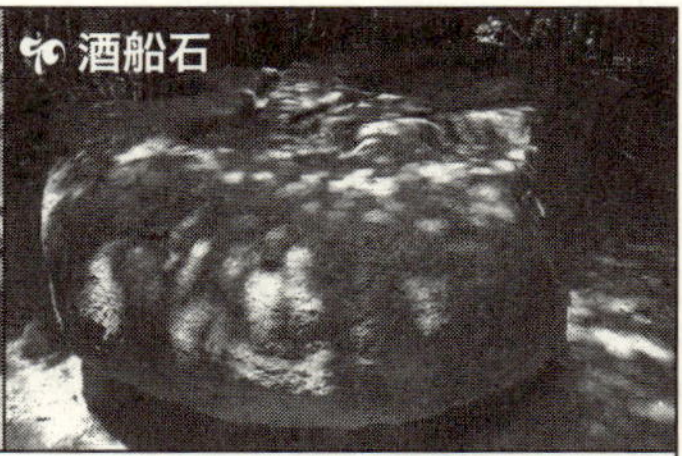

明日香村を散策すると、古墳や寺院に交じって奇妙な石造物が点在していることに気づく。これらのほとんどが斉明天皇の時代に造られたものと言われ、道教の世界を再現しているといわれる。

藤原京と平城京とで朱雀大路の広さはなぜこんなに違う!?

橿原市の藤原京は、律令国家成立を目指した天武天皇と、その皇后であり、次期天皇となった持統《じとう》天皇により、わが国初の本格的都城として完成した。藤原京は、天皇の住まいである内裏《だいり》、国家の儀式や政務を行なう大極殿と朝堂院《ちょうどういん》などが並ぶ藤原宮を中央に、その宮から南へ朱雀大路が伸び、その左右には、役人や庶民が住む街区がもうけられた。この街区は碁盤の目のように区画されており、日本最初の計画的な条里制《じょうりせい》都市ともいわれている。

ところが藤原京はわずか一六年で歴史の幕を閉じ、平城京への遷都が行なわれる。「四《し》禽図《きんと》にかない、三山が鎮《ちん》をなす」という都城に適した地として選ばれたはずの藤原京がなぜ、短命に終わったのだろうか。

藤原京は欠陥だらけだった!?

その理由については諸説挙げられているが、平城京と藤原京の地図を俯瞰《ふかん》することでみえてくるのが、藤原京自体にそもそも問題があったという説である。つまり律令国家の都

※ 朱雀大路に見る藤原京と平城京の違い

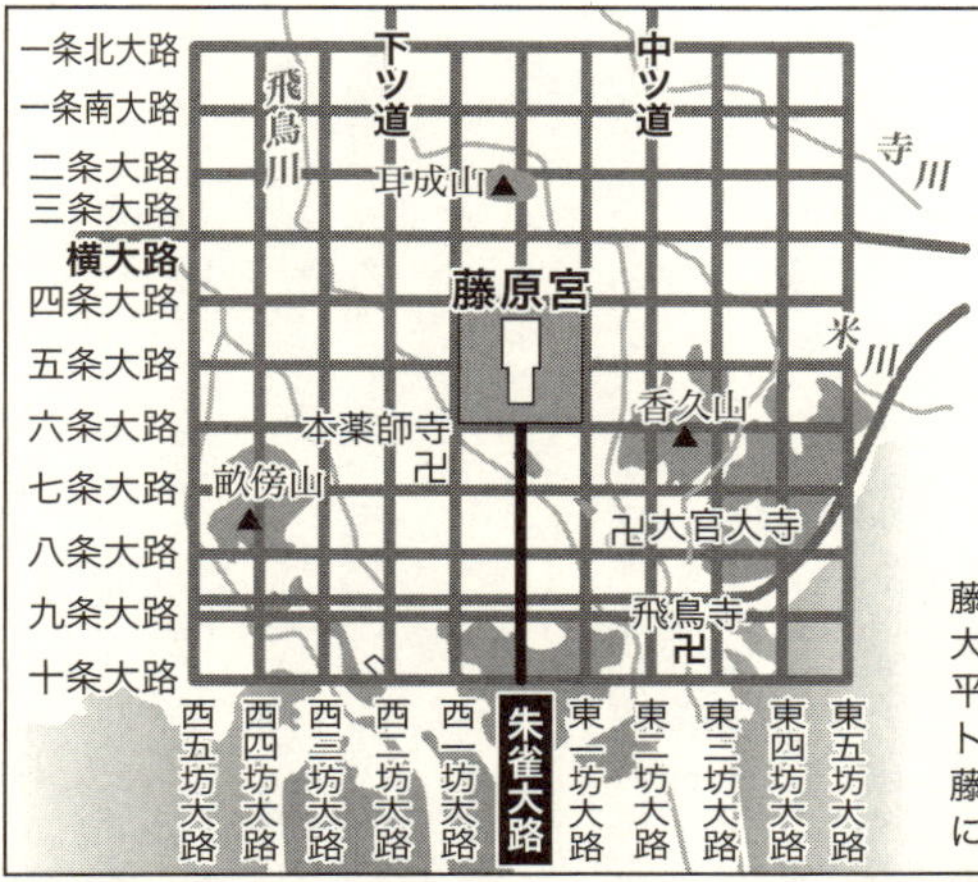

藤原京と平城京の朱雀大路を比べてみると、平城京が道幅74メートルを誇るのに対し、藤原京はその3分の1に過ぎない。

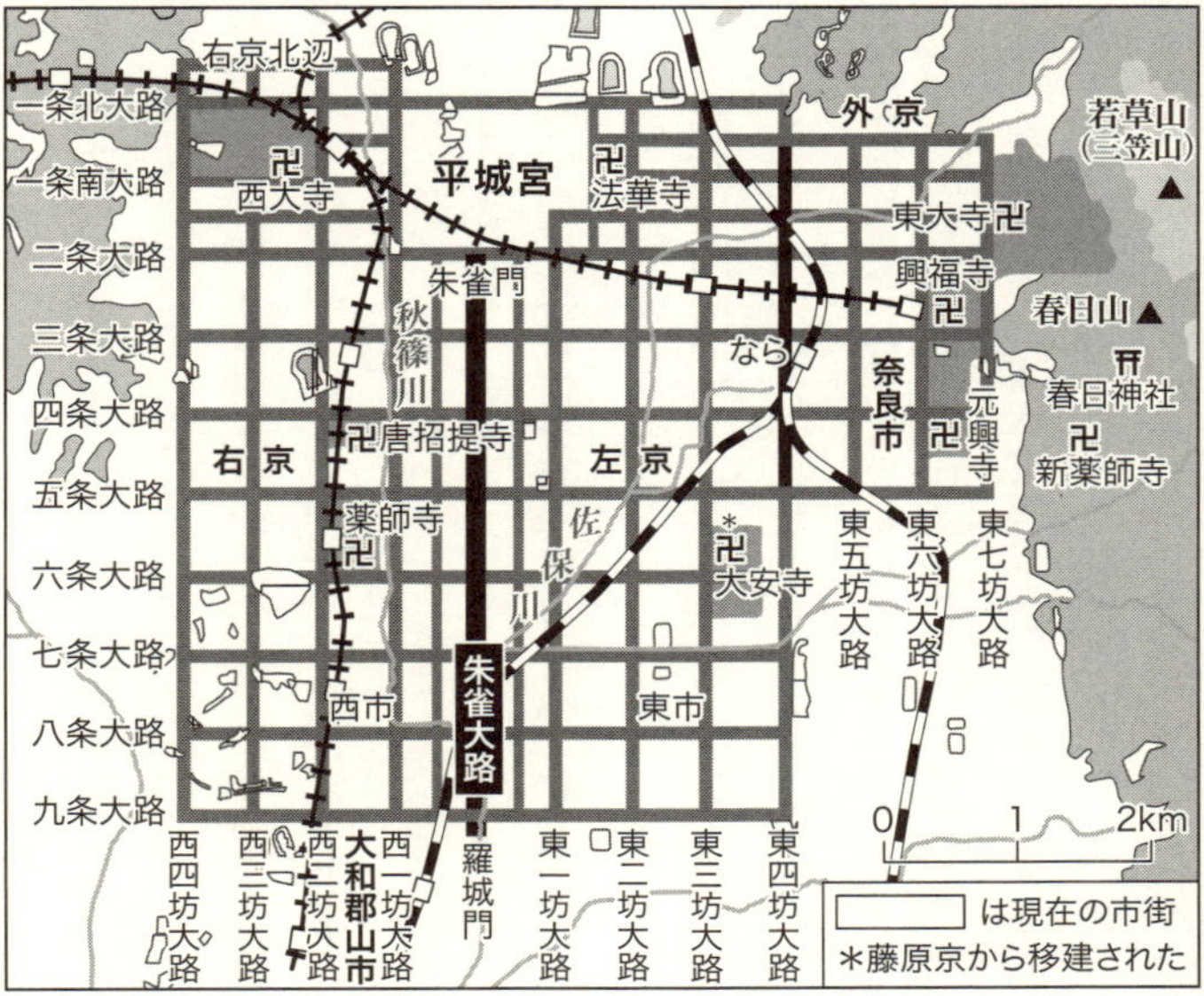

にふさわしくない欠陥が次々と判明したためというのである。

そのひとつがメインストリートである朱雀大路だ。藤原京と平城京の朱雀大路を比べてみると、平城京の道幅七十四メートルに対し、藤原京はその三分の一にすぎない。

この朱雀大路は本来、ただの通路ではなく、さまざまな祭りや政治の舞台になった重要な場所である。歌垣《うたがき》、雨乞い、除災の仏事などの儀礼や朝賀する使者や外国使節などを出迎えてもてなす場でもあった。

そうした役割を担うにしては、藤原京の朱雀大路は狭すぎたのだ。また、朱雀大路は、宮城に通じる巨大な朱雀門を仰ぎみる形にして、朝廷の威信を誇示するため、北へ向かってゆるい上り坂になっている必要があった。

ところが藤原京の地形は南高北低の地形で北西に向かって低くなるため、中心に置かれた天皇の宮が、南側にある臣下の建物より低く、宮城の威厳が損なわれるという事態を引き起こしていた。

遣唐使らの報告によって唐《とう》の都の実情を知った朝廷は、『周礼《しゅらい》』に基づいて長安《ちょうあん》とは異なる形で都を築いたものの、実際にはそれが律令《りつりょう》国家の都としては欠陥だらけであることを悟った。大宝《たいほう》三年（七〇三）に本格的な律令制度を取り入れた朝廷としては、この欠陥性を見過ごすことができず、わずかの間に遷都が計画されることとなったというわけだ。

聖徳太子が駆け抜けた斑鳩と飛鳥を結ぶ太子専用のハイウェイがあった！

聖徳太子《しょうとくたいし》といえば、五九二年に即位した推古《すいこ》天皇の摂政《せっしょう》として「冠位十二階《かんいじゅうにかい》」や「憲法十七条《けんぽうじゅうしちじょう》」の制定、遣隋使《けんずいし》の派遣などに関わった人物として知られている。しかし、その後半生は飛鳥から二十数キロも離れた斑鳩《いかるが》の地に移り住んでいた。当然、政務は推古天皇の宮がある飛鳥で行なわれる。にもかかわらず、要職にある聖徳太子が斑鳩に住んでいたのでは、政務に支障をきたすのではないかとみられてきた。そのため聖徳太子ははやばやと蘇我氏との政争に敗れて斑鳩に引退したのではないかともいわれてきたのだ。

ところがそうした説を一蹴するような伝説がある。なんと聖徳太子は引退したわけではなく、二十数キロもの道を飛鳥へ通勤していたのではないかというのだ。

その証拠が、斑鳩と飛鳥を結ぶ古道である。

一帯は七世紀頃には上ツ道《かみつみち》、下ツ道《しもつみち》などが整備され、町は条里制によって区画されていた。ところが一部残ったこの道は、こうした条里制によって敷かれた周囲の道と異なり、西に二〇度傾いている。斜めに走ることからこの古道は筋違道《すじかいみち》とも呼ばれる。そしてこの道を南北に伸ばすと、聖徳太子の斑鳩と推古天皇のいる飛鳥を一直線に結ぶことになる。

酒井龍一《さかいりゅういち》氏によると、「現在大和川南岸から三宅町屏風までは太子道の痕跡は消えています。屏風から多集落の南側までは道路・水路・溝・畦《あぜ》などの形で、途切れながらも痕跡は現存しています（西偏約一七度）。多《おお》集落より以南は、後の藤原京の大規模な造成で、太子道の痕跡は殆《ほと》んど消滅しています。私案では、太子道はそのまま豊浦寺《とゆらでら》（下層に豊浦宮）の西側に至ります。最近の発掘、例えば多集落の南や豊浦寺の北西などで道路痕跡が確認され、この見解は妥当のようです」（『推古朝都市計画の復元的研究』）とある。しかもこの傾きは、斑鳩の町並みとも一致していた。聖徳太子は斑鳩の開発を行なったとみられるが、創建当時の斑鳩寺（若草伽藍《わかくさがらん》）や聖徳太子の斑鳩宮は、両方とも西に二〇度前後傾いた方位で作られていたのである。

太子道もこれに合わせるように、七世紀前半頃までには整備されていたことが判明しており、斑鳩に移った太子が飛鳥に通うために開かれた道であるとも考えられる。

聖徳太子が馬で通勤!?

もちろん、直接道で結ばれていても、当時通勤するには遠すぎる距離であり、飛鳥に通うのは無理だ。そこで太子は、富士山から越後《えちご》まで上空を駆け巡ったという愛馬黒駒《くろこま》に乗

⁂ 飛鳥と斑鳩をつないだ太子道

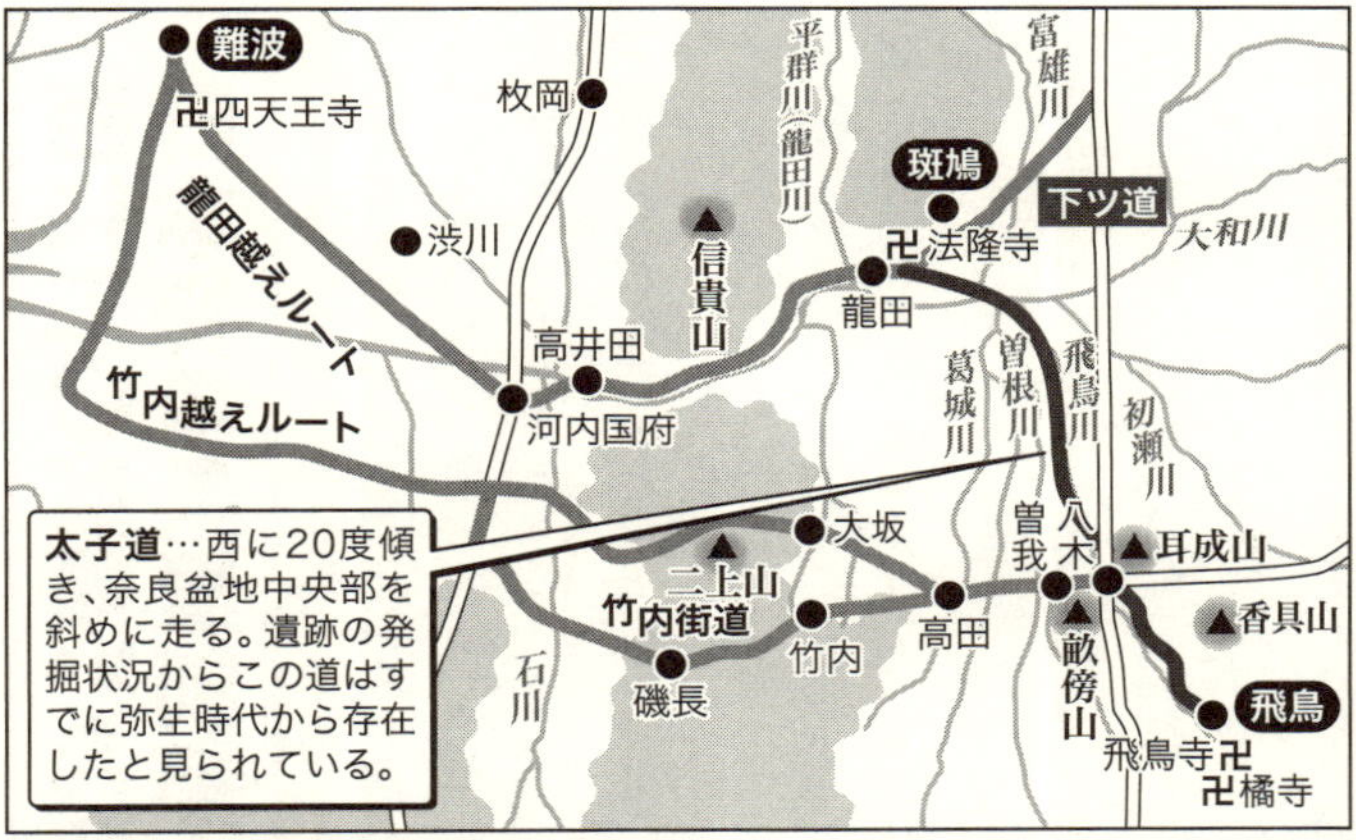

斑鳩と飛鳥は西に20度傾いたほぼ直線の太子道によって結ばれていた。現在も経路上には太子の腰掛石や、愛馬黒駒をつないだといわれる柳など、聖徳太子にまつわる伝説が残っている。

って、この道を疾走していたという伝承が残されている。

その真偽はともかく、太子道沿いには太子が通ったことを示すかのようなゆかりの旧跡などが数多く残されている。

三宅町の白山神社には太子が休憩したといわれる「腰掛石《こしかけいし》」、黒駒をつないだ「駒つなぎの柳」が残り、同町屏風の杵築《きつき》神社には太子が水を求めて弓で掘ったといわれる「屏風の清水」跡が残る。

ただし、実際に聖徳太子が通ったという記録はなく、のちの書物に聖徳太子が作った「すじかいのみち」と記されているだけであるが、斑鳩条里に合わせた傾きからは、やはり太子との関わりを連想せずにはいられない。

西に二〇度傾いた斑鳩の町割りは、日本初の条里制都市の痕跡か!?

聖徳太子は飛鳥から二十数キロ離れた斑鳩へ移住した。推古天皇九年（六〇一）に斑鳩宮の造営を開始し、推古天皇一三年（六〇五）に斑鳩宮へ移っている。なぜ聖徳太子が、遠い斑鳩の地に移ったかについては、蘇我馬子との政争に敗れたという説もあるが、近年、斑鳩寺（若草伽藍）と斑鳩宮の発掘により、聖徳太子の地位の低下と結びつくものではないという意見も出されている。

というのも、この斑鳩の里の全貌が明らかになるにつれ、斑鳩開発はかなり大規模なもので、計画的な都市づくりが行なわれていたことがわかったからだ。聖徳太子はこの地に引退したわけではなく、理想を抱いて新しい都市づくりを試みていたというのである。

調査の結果、斑鳩の里の開発は、東西一・五キロ、南北一・二キロに及ぶことが判明した。何より驚くのは、法隆寺北側の地形を基準として地割は南北を軸に西へ二〇度傾き、この地割のなかには斑鳩宮のほか、法隆寺の前身である若草伽藍や岡本宮なども同じ方位で営まれていたことである。さらに同じ方位で道路や水路などが広範囲に敷設されていたこともわかった。しかも前述したように、この斑鳩から飛鳥へと続く直線の道も合わせて創設されたとみられている。

これに対し現在の法隆寺西院《ほうりゅうじさいいん》伽藍は南北線から七度しか傾いておらず、のちの律令制の地割に従ったものと考えられる。まさに斑鳩の里は、一定の計画にのっとった地割のもとで開発されていたことがうかがえるのである。

このように一定の地割のもと、土地を方格に区画して都市を造っていく土地区画制度を条里《じょうり》制という。日本においては七世紀の藤原京が始まりともいわれる。

ところが、斑鳩の全貌が明らかになるに従って、すでにそれ以前、聖徳太子により条里制が用いられていた可能性が高まってきた。そのためこの斑鳩の里こそが、日本最古の方格都市ではないかともいわれている。

先の酒井龍一氏の『推古朝都市計画の復元的研究』に次のように書かれている。

「推古朝の都市計画」の基本的な軸線は、正南北でなく、西偏二〇度前後傾くのが基本的な特徴です。推古朝以前の飛鳥寺は正南北、次の推古朝は西偏、それ以降は再び正南北の軸線に戻り、それぞれ宮殿・寺院・建物・柵・道路・水路などが建設されます」（『飛鳥と斑鳩』ナカニシヤ出版発行）

飛鳥の豊浦宮も斑鳩宮も共に同じ方角を向いていたわけだ。

石上神宮に七支刀が奉納されたのは、古代の武器庫だったから！

桜井市の海石榴市《つばいち》付近から山の辺の道を北上したとき、その終点となるのが、天理市の布留山麓《ふるさんろく》に鎮座する石上《いそのかみ》神宮である。鬱蒼《うっそう》とした森のなかにたたずむ同神宮は神代の創建とされ、桜井市の大神《おおみわ》神社と並ぶ最古の神社として知られている。

一一世紀に皇居の神嘉殿《しんかでん》が移築されて拝殿《はいでん》となるまでは、拝殿を持たず、禁足地に祀られた主祭神に奉仕していたとみられる。

起源さえも定かでないほど古い歴史を持つ石上神宮だが、この神社は四世紀に百済《くだら》王から贈られたという七支刀《しちしとう》が伝えられていることでも有名だ。七支刀は百済からの献上品という歴史的な意味だけでなく、刀身の左右に三本ずつの枝が出ているという大変珍しい鉄剣で、国宝に指定されている。

石上神宮がいくら由緒ある社《やしろ》だといえ、国の大切な宝を奉納したのはなぜなのだろうか。

それは石上神宮がかつて大和政権の武器庫であったためである。七支刀のほかにも二面の鉄楯が伝えられている。もちろんそれは単に武器を収納するだけの倉庫ではなかった。

古代大和政権の武器庫であった石上神宮には、百済より献上された七支刀が伝わる。

祭神には神武天皇の東征の際に神より下された神剣、布都御魂《ふつのみたま》とその霊威である布都御魂大神を祀る。武器の霊威を祀ることで、天下の平定を願ったことがうかがえる。

武器庫になった理由

ただし、石上神宮がいつから政権の武器庫になったかは定かではない。

武器庫はもともと忍坂邑《おしさかのさと》（桜井市忍阪）にあったものが、いつのころかこの石上神宮の地に移された。五世紀後半に石上神宮に聖地となる「禁足地」が成立していることから、この前後に武器庫が移されたのではないかと推測されている。

武器庫がこの石上神宮の地に移されたのは、一帯が大和政権において、政権の軍事と祭祀を統括していた実力者・物部氏の本拠地であり、石上神宮が物部氏の氏神だったこととと無縁ではないだろう。

さらに、石上の地は伊賀《いが》を経由して伊勢《いせ》へ至るルートの起点であり、そこから尾張《おわり》、三河《みかわ》と東国へと向かう道でもあった。当時精力的に東国進出を図っていた大和政権にとって、石上の地は武家の棟梁である物部氏の本拠地にして、なおかつ東国進出の重要な拠点であったことが武器庫になった理由と推測されている。

その後も天武天皇の頃に、石上神宮に保管されていた豪族から献上された宝物を返還したり、平安初期に至ってもおびただしい数の武器が保管されたと記載されたりするなど、長い間武器庫としての役割を果たしていたようだ。

そうした石上神宮にまつわる神話の世界がよみがえったのが明治時代である。

拝殿の背後に石玉垣をめぐらした禁足地を発掘したところ、武具類やヒスイの勾玉《まがたま》、棗玉《なつめだま》などが多数出土し、神話の世界が現出したと話題になったのだ。

今も七支刀は神宝として大切に奉納されている。そして拝殿の奥の石瑞垣《いしみずがき》で囲まれた禁足地も、一五〇〇年以上も変わらず、悠久の歴史をたたえながら静謐《せいひつ》とした佇まいを見せて鎮座している。

日本最古の鋳造銭「富本銭」が、万葉文化館の建設地から出てきた理由

かつて日本最古の鋳造銭といえば和銅《わどう》元年（七〇八）に発行された和同開珎《わどうかいちん》であったが、現在では七世紀末の富本銭《ふほんせん》であると考えられている。富本銭というのは、六八三年の「今より以後、必ず銅銭を用いよ」という詔《みことのり》に基づく銅銭であるとされ、円形の中央に空けられた穴の上下に富本の二文字があり、左右それぞれに七つの点をあしらった銅銭である。

この富本銭は二〇世紀後半に平城京跡や藤原京跡で発見され、その存在が知られるようになっていたが、その存在がはっきり認識されたのは明日香村の飛鳥池遺跡（飛鳥池工房遺跡）からまとまって発見されたことが大きい。

実は、この地で富本銭が大量に発見されたのは、ここではばらまかれていたからというわけではない。出土した富本銭のなかにはバリ（銭貨の周りについた鋳型からはみ出して固まった部分）が残ったものや不良品もあったことから、工房における量産体制が整っていたことが明らかとなったのである。この飛鳥池こそ、富本銭が鋳造されたまさにその場所、つまり天武天皇時代の富本銭の官宮工房が存在していた場所だったのである。

富本銭が出土した場所は、現在、「奈良県立万葉文化館」のなかにあり、館内の床に設置された窓から出土状況の再現を閲覧できるようになっている。

古代のものづくり施設が集約

飛鳥池遺構は、飛鳥寺の東南に隣接するようにあり、その遺跡は南北一三〇メートルにおよぶ。二〇〇基近い炉が設けられるなかに、金、銀、銅、鉄、ガラス、琥珀《こはく》、めのう、水晶、漆などさまざまな種類の工房が業種ごとに整備されていた。いわば官営の総合工房ともいうべき場所であったのである。

飛鳥池工房が機能していた七世紀後半から八世紀にかけては、天武天皇と持統天皇が、唐の律令制度に倣った国家作りに邁進していた時期である。この富本銭も唐の開元通宝《かいげんつうほう》にサイズ・形状が一致していることから、天武天皇は唐の制度を踏襲して日本独自の最古の鋳造銭を作り出していたと考えられている。

なお、藤原京大極殿前の南門跡から出土した壷のなかからは、この飛鳥池工房から出土した銭とは字体が異なる富本銭が発見されている。こちらは工事や建築物の無事を祈るまじないに用いられた厭勝銭《えんしょうせん》ともいわれるが、朝廷が富本銭に改良を加えながら、後の銅銭流通への道を模索していたことがうかがえる。

※ 古代のものづくり施設

万葉文化館の敷地内に残る飛鳥池工房跡。

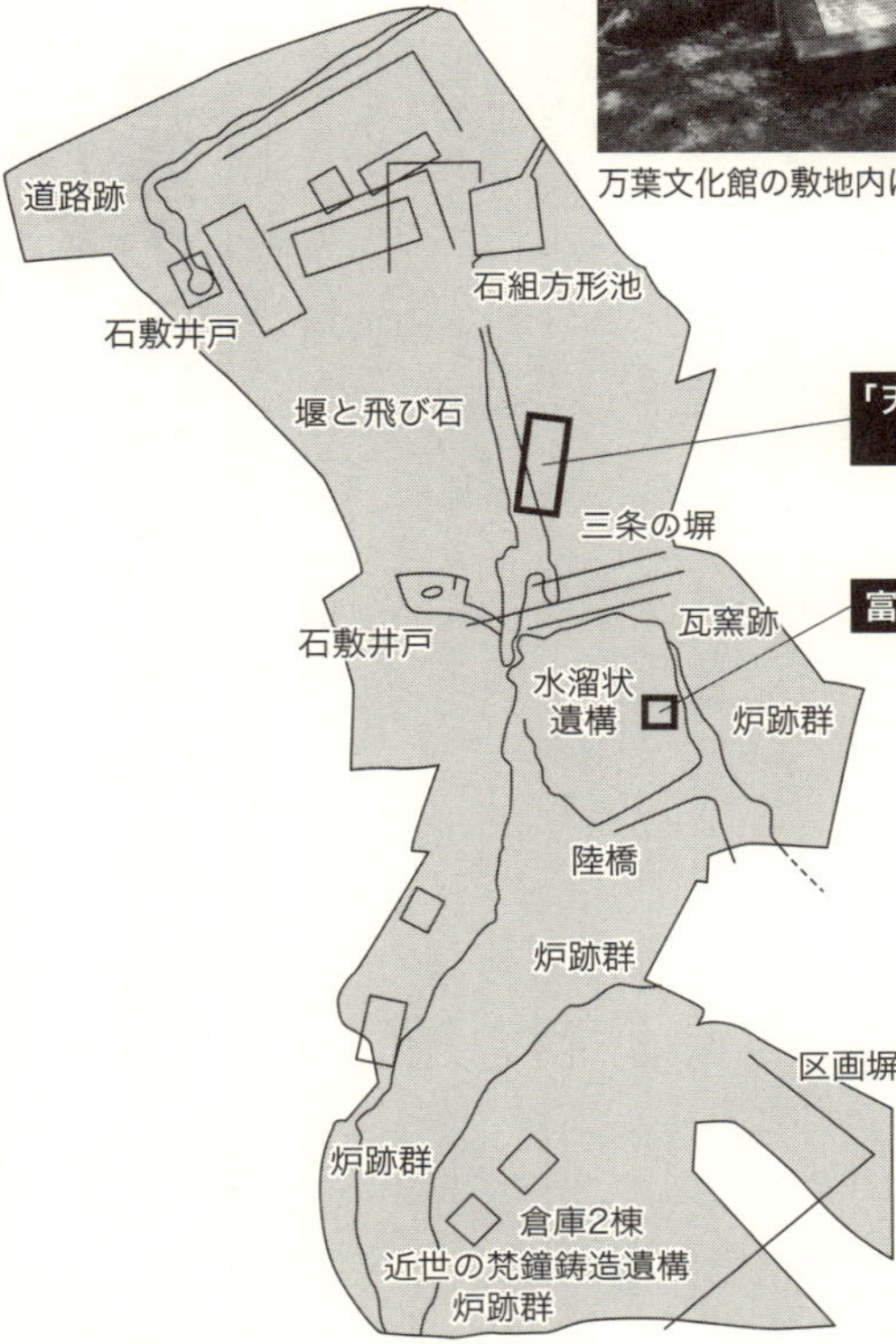

日本最古の銅銭として知られる富本銭の出土地は、かつて飛鳥池工房と呼ばれる官営の工房が存在していた。この工房では、銅銭のほかにガラスや金・銀・鉄などを鋳造する施設が業種ごとに配置されていた。

西ノ京に佇む垂仁天皇陵の濠に浮かぶ小島は何？

奈良では、至るところで古墳や天皇陵と出合うことができる。古代日本をリードしてきた支配者が一〇〇〇年以上も眠っていると考えるだけで、遠い時代へと思いを運んでくれるのもまた奈良の魅力のひとつである。

そうしたなかでも近鉄尼ヶ辻《あまがつじ》駅のすぐ西側、水をたたえた濠に囲まれるようにしてこんもりと盛り上がった垂仁《すいにん》天皇の菅原伏見東陵に着目したい。五世紀前半の築造とされ、全長二二七メートルにおよぶ巨大前方後円墳である。

この陵の満々と水をたたえた濠の東南には小島のような塚がぽつんと浮かんでいる。この塚が一体何か不思議に思う人も多いだろう。これは垂仁天皇に仕えた田道間守《たじまもり》の墓と呼ばれ、そこにはある伝説が伝えられている。

前方後円墳に眠るとされる垂仁天皇は、皇后の日葉酢媛命《ひばすひめのみこと》が亡くなった際、人道的見地から、生きた人をそのまま埋める殉死《じゅんし》の風習をやめさせ、代わりに初めて埴輪《はにわ》を作らせたという逸話を持つ人物だ。

周壕に囲まれた巨大な前方後円墳「垂仁天皇陵」と、忠臣田道間守の墓。

その垂仁天皇が最後に求めたのは不老不死であった。

天皇は田道間守を常世国《とこよのくに》に遣わし、不老不死をもたらす「非時の香果《ときじくかくのこのみ》」という果実を求めさせた。常世国は永遠不変の理想郷と考えられており、そこに生えている果実を食べることで、不老不死を手に入れられるという思想があったとされる。

または常世国と神仙思想が結びついて、常世国とはすなわち仙人が住むという蓬莱《ほうらい》山《さん》という意識があったとも考えられている。

天皇の意を受けた田道間守は、一〇年の時をかけて常世国から何とか「非時の香果」を持ち帰った。ところがすでに時遅し。肝心の垂仁天皇は亡くなっていたのである。

これを知った田道間守の悲しみはひとか

どでなかった。田道間守は非時の香果の半分を大后に献上し、残り半分を持って天皇の陵の前に赴いた。そして泣き叫びながらそのまま慟哭《どうこく》して絶命したという。

天皇陵に寄り添う塚の正体

その田道間守の墓とされるのが、陵に浮かぶ塚なのである。まるで天皇を慈しみ、寄り添うようにして静かに眠っている。ただし、元禄年間の「山稜図」には、小島らしいものは見えず、幕末のころに造られたともいわれる。

また、天皇陵自体も垂仁天皇の時代とは合わず、考古学的な見地からは信憑性が薄いものの、この伝説にちなみ古墳の周囲には柑橘類《かんきつるい》の樹木が植えられ、季節には芳しい香りを放っている。

なおこのとき、田道間守が常世国に至り持ち帰ったのは橘《たちばな》であり、日本の柑橘類の祖になったという言い伝えもある。橘は古代においても冬の寒さにも夏の暑さにも強い植物として知られていたことから、永久不変の食物にふさわしいと考えられていたのだろう。

橘の名の由来については、田道間守の花から、タジマバナ、そしてタチバナになったという説もある。

蘇我入鹿の首塚、じつは首なんて埋まっていない？

奈良盆地の南端、古代の面影を今に残す明日香村にある飛鳥寺の西側に、ぽつんと古びた高さ一四九センチの五輪塔《ごりんとう》がたたずんでいる。これは乙巳《いっし》の変で殺害された蘇我入鹿《いるか》の首塚と呼ばれている。

蘇我入鹿は、七世紀半ば皇極《こうぎょく》天皇の時代に父の跡を継いで大臣《おおおみ》となり、国政をほしいままにした人物とされている。一族である古人大兄皇子《ふるひとのおおえのおうじ》を皇位につけようと、ライバルの山背大兄王《やましろのおおえのおう》を打ち滅ぼしたり、自ら大王《おおきみ》（天皇）気取りで振舞ったりと専横がはなはだしく、皇極天皇四年（六四五）、中大兄皇子《なかのおおえのおうじ》らの計略にはまり、宮殿に呼び出されて殺害された。

五輪塔にまつわる伝承によれば、その際、斬り落とされた入鹿の首が飛んできてこの五輪塔の建つ場所に落下したため、塔は首塚とされたのだという。

そのため古来、この塚の下には入鹿の首が埋められているのではないかと伝えられてきた。しかしどうやら実際には首は埋められていないとみられている。

殺された入鹿の首はどこへ？

たしかに乙巳の変を描いた談山《たんざん》神社の『多武峯縁起絵巻《とうのみねえんぎえまき》』には、入鹿の首が斬り落とされて宙を舞う様子が描かれているが、人間の首が殺害現場の飛鳥板蓋宮跡から六〇〇メートル離れた首塚に飛ぶというのは、物理的にありえない。そもそも『日本書紀』には入鹿の首が切断されたという記事はなく、その惨殺死体は飛鳥板蓋宮の庭にむしろをかけて放置され、折からの雨で庭は血で赤く染まったとある。

やがて遺骸は入鹿の父の蝦夷《えみし》のもとに降伏を促すメッセージとして運ばれ、前途を嘆いた蝦夷が自邸に火を放って自殺するきっかけとなった。

これが事実であるとすれば、入鹿の遺骸は蝦夷とともに灰燼《かいじん》に帰したはずで、首が残されているはずがない。

何よりこの五輪塔は飛鳥時代から四〇〇年以上後の鎌倉時代から南北朝時代の造立とされており、飛鳥時代には存在していなかった。

しかし、ここにはまるで首が埋まっていても不思議でないようなある因縁めいた話が伝えられている。もともとこの首塚付近は飛鳥時代に「槻《つき》の木の広場」と呼ばれる広場だった。そしてここで出会ったのが、乙巳の変の実行者・中大兄皇子と中臣鎌足《なかとみのかまたり》である。蹴鞠《けまり》

旧飛鳥寺の西門跡付近に建つ蘇我入鹿の首塚。乙巳の変の折、斬り落とされた入鹿の首がこの場所まで飛んで来たという。

をしていた皇子が飛ばした靴を鎌足が拾ったことからふたりは急接近し、蘇我氏打倒の計画を立てるに至ったのだ。いわば、乙巳の変から大化の改新に至る歴史は、この場所から始まったのである。

その場所に標的となった入鹿の首が飛んだというのも何かの因縁を感じさせる。

とはいえ、入鹿の怨念がよほど恐れられたのか、明日香村にはほかにも入鹿の首が飛んだという伝承が存在する。

石舞台古墳の東、多武峰の西麓にある気都和既《つわき》神社の境内一帯は茂古森《もうこのもり》と呼ばれている。これは入鹿の首に追われた中臣鎌足がこの森に逃げ込み、ここまでくれば「もうこないだろう」と言ったことに由来するという。

奈良町に伝わる頭塔は日本版ピラミッドか!?

東大寺南大門から南に約一キロ弱のところに、まるで日本のピラミッドか仏塔（ストゥーパ）かと思しき不思議な石積みの史跡「頭塔《ずとう》」が伝えられている。

一辺、約三二メートルの方形の基壇上に、七段の階段状石積が築かれ、高さは約一〇メートルとかなり大規模なものだ。

第一段の一辺は約二四メートルで、上に行くにしたがって約三メートルずつ縮小している。よく見てみると、奇数段の東西南北の各面には石仏があしらわれ、現在まで計二七体が確認されている。ただし、本来は奇数段に一一基ずつ、総計四四基の石仏が配されていたようだ。頂上には相輪《そうりん》が立っていたとも推測されており、その姿は立体曼荼羅《まんだら》をも彷彿《ほうふつ》とさせる。

何より奇妙なのは、「頭塔」という名である。この名は長らく奈良時代の僧・玄昉《げんぼう》の頭を埋めた首塚と伝えられてきたことに由来する。

そこには次のような伝承が残されている。

奈良町に伝わる頭塔。奈良時代の僧玄昉の首塚であるという俗信がその名の由来。（奈良市観光協会提供）

唐に留学した玄《げん》昉は、法相学《ほっそうがく》を学び、玄宗《そう》皇帝から尊ばれた。仏像や経綸《きょうろん》などを携えて帰国し、聖武天皇の信任を得て僧正《そうじょう》となり、吉備真備《きびのまきび》とともに橘諸兄《たちばなのもろえ》政権を支えた。これに対して、藤原氏の勢力を取り戻そうと考えた藤原広嗣は、天平一二年（七四〇）に、玄昉らを排斥しようと大《だ》宰府《ざいふ》で挙兵したが、失敗し捕えられ惨殺された。

霊が頭塔伝説を生み出した!?

それから数年後、玄昉は大宰府観世音寺《だざいふかんぜおんじ》に左遷されてその地で没したのだが、じきにきな臭い噂が立ち始めた。玄昉の死は、広嗣の怨霊の仕業だというのである。

その噂は、時を経るにつれ、より恐ろしい伝承となっていく。広嗣の怨霊によって、観世音寺落慶供養《らっけいくよう》の日に雷が落ち、玄昉が消えた。後に玄昉の首が興福寺《こうふくじ》に落ち、弟子たちが埋葬したという。それが、現在の奈良市高畑町、つまり「頭塔」のある場所だと考えられるようになったのだ。

さらに、江戸時代になると、体のほかの部分も別の場所に落ちたとの噂が広まるようになった。たとえば肘塚町《かいのづか》は肘《ひじ》が落ちたことに由来するといわれ、眉と目が落ちた大豆山町《まめやま》には眉目塚跡が残されている。

このように頭塔は怨霊にまつわる恐ろしい塔として知られるようになった。

ただし頭塔は首塚などではなく、当然首など埋まっていない。本来は、「土塔《どとう》」と呼ばれていたもの。神護景雲《じんごけいうん》元年（七六七）、東大寺の僧実忠《じっちゅう》が築いた珍しい土の仏塔と云われている。五重塔などと同じように仏舎利《ぶっしゃり》を納める仏塔（ストゥーパ）なのである。

その土塔が訛《なま》ってズトウとなり、いつしか「頭塔」と呼ばれるようになって、玄昉の首塚という伝承が仮託されたものと考えられている。

第三章
大和に伝わる信仰・伝説の謎

仏教伝来の地がなぜ海から離れた内陸にあるのか？

『日本書紀《にほんしょき》』によると、日本に仏教が公伝したのは、欽明《きんめい》天皇一三年（五五二）である。百済《くだら》の聖明王《せいめいおう》から釈迦《しゃか》仏の像や経典が贈られたのを契機とするが、すぐに仏教が日本中に広がったわけではなかった。

一方『上宮聖徳法王帝説《じょうぐうしょうとくほうおうていせつ》』や『元興寺縁起《がんこうじえんぎ》』では、欽明天皇の即位を五三一年としたうえで、仏教伝来を欽明天皇七年（五三八）とし、現在ではこの五三八年説が有力とされている。『日本書紀』では、まず欽明天皇が仏教を受け容れるかどうかを群臣たちに諮《はか》ったところ、激しい論争が起こった。大臣《おおおみ》の蘇我稲目《そがのいなめ》は、「西方の国々も仏を礼拝しているのに、わが国だけが拒絶するわけにいかない」と主張し、受け容れを進言した。だが、大和政権内で蘇我氏と勢力を二分する物部尾輿《もののべのおこし》らは、「外国の神を信仰すれば、わが国古来の神が怒る」と反対した。そのため欽明天皇は、蘇我氏にだけ個人的に仏教を信仰することを許した。

敏達《びだつ》天皇の代には、疫病の流行の原因を仏教崇拝のためとされ、仏殿が焼かれ、仏像が

桜井市金屋町の仏教伝来之地碑。仏教伝来については諸説あるが、現在538年とする説が有力。

難波《なにわ》の堀江《ほりえ》に捨てられるなどの弾圧が行なわれたが、用明天皇二年（五八七）、蘇我氏が物部氏を滅ぼすに至り、ようやく仏教は日本で受け容れられた。以後、仏教は聖徳太子の普及活動もあり、長い年月のなかで日本人の間に根づいていった。

仏教伝来から二〇〇年後の天平勝宝《てんぴょうしょうほう》四年（七五二）には、東大寺で盛大な大仏開眼《かいげん》法要が行なわれている。

川のほとりの賑やかな交易地・海石榴市

仏像と経典を携えた聖明王の使者が第一歩を印したとされるのが、桜井市の初瀬川のほとりの海石榴市《つばいち》である。現在、あたりは金屋河川敷公園や磯城嶋公園として整備されており、そのなかに「仏教伝来之地碑」や「磯城嶋金刺宮《しきしまのかなさしのみや》跡伝承地之碑」が建てられている。

だが、この場所は海から遠く離れた奈良盆地の最深部、三輪山《みわやま》の麓にあたる。朝鮮半島から瀬戸内海を通る海路を経てやってきたはずの使者が、なぜそのような場所に上陸したのだろうか。

『日本書紀』の欽明天皇元年（五四〇）には、「都を磯城郡の磯城嶋に遷し、磯城嶋金刺宮とした」とある。使者としては仏教普及の許可を得るために、天皇に直接拝謁しなければならない。初瀬川から大和川へ至る水系では、古くから、川船を使って人や物資の輸送が行なわれていた。河内《かわち》の難波津までは大型の海船で、難波津から大和川の下流はやや大きい川船で、上流は小さな底の浅い舟に乗り換えて、欽明天皇の金刺宮近くまで水運を利用して運ばれたという。

およそ半世紀後の推古《すいこ》天皇一六年（六〇八）には、遣隋使《けんずいし》の小野妹子《おののいもこ》が、隋からの返礼の使者である裴世清《はいせいせい》らの一行を伴って帰国している。『日本書紀』によると、朝廷は七五頭もの飾り馬を揃え、一行を盛大に出迎えたという。その二年後にやって来た新羅《しらぎ》や任那《みまな》からの使者たちも、やはりここで出迎えを受けた。

海石榴市は「山の辺の道」などの街道が交わり、水運も盛んな交通の要衝であった。人

※ 飛鳥時代の交通網

仏教伝来当時、畿内の交通は河川に拠っていた。外交使節は、難波津から川船に乗り換えて大和川を遡上し、奈良盆地へ入っていた。

や物資も頻繁に往来し、市が立つ日には歌垣《うたがき》も催され、まさに「八十《やそ》の衢《ちまた》」と呼ばれた国際色豊かな繁華街であった。『古事記』・『日本書紀』や『万葉集《まんようしゅう》』、さらには平安時代の『枕草子《まくらのそうし》』にもその情景が記されている。

市が賑わっているのは、物資が豊富で産業が発展し、国力が充実している証拠である。

使者たちは、ここを通過するだけではなく、市の様子を目の当たりにして、華やかな歓迎を受けた。大和政権は、こうすることで自分たちの力をアピールしたのである。仏教が上陸した三輪山南西麓の地は、まさに日本の玄関口で、世界に向かっても開かれていたのである。

奈良県は蛇だらけ!? 奈良県各地には仏教伝来前の信仰が受け継がれている!

御所《ごせ》市《し》蛇穴《さらぎ》の野口《のぐち》神社では、毎年五月五日に、稲藁《わら》で蛇の形をした約一四メートルの綱を作り、それに味噌汁を振りかける「汁かけ祭り」が行なわれる。

伝説によると、修行中の役小角《えんのおづぬ》を恋するあまり蛇の姿となり、火を吹きながら追いかけた娘がいて、それを見た村人が驚いて味噌汁をぶっかけたところ、蛇は穴の中に逃げたので、巨石で閉じ込めたという。この伝説にちなんで境内には蛇塚が残る。

その後、娘を哀れに思った村人たちが始めた祭りが「汁かけ祭り」なのだという。その時から村の名も、市部《いちべ》村《むら》から蛇穴に改めたそうだ。また、田原本《たわらもと》町の鍵にある八坂神社では稲藁と麦藁で、同じく田原本町の今里にある杵築《きつき》神社では麦藁で蛇を作り、氏子たちがそれを持って集落を巡る「蛇《じゃ》巻《ま》き」が六月の第一日曜日に行なわれ、五穀豊穣を祈る。

橿原市上品寺町の「シャカシャカ祭」でも、麦藁の蛇が途中で水を飲む所作をしながら町内を巡る。古くは旧暦五月五日、現在は六月五日に行なわれる豊作祈願の行事である。

「シャカシャカ」とは蛇が草むらを進む音だとも、子供たちの「蛇《じゃ》が来た、蛇が来た」の

※ 奈良県内の野神行事

ノガミ

5月末の日曜日に大宮駅近くの芝辻町で行なわれる。大楠に注連縄を飾り、周囲を御幣を付けた竹で囲み、野神を祀る。

キョウ

川西町下永の野神行事。青竹に巻きつけるようにして作られた蛇を野神塚で祀る。祭事のあと、子供たちにキョウ飯と呼ばれる食事がふるまわれる。

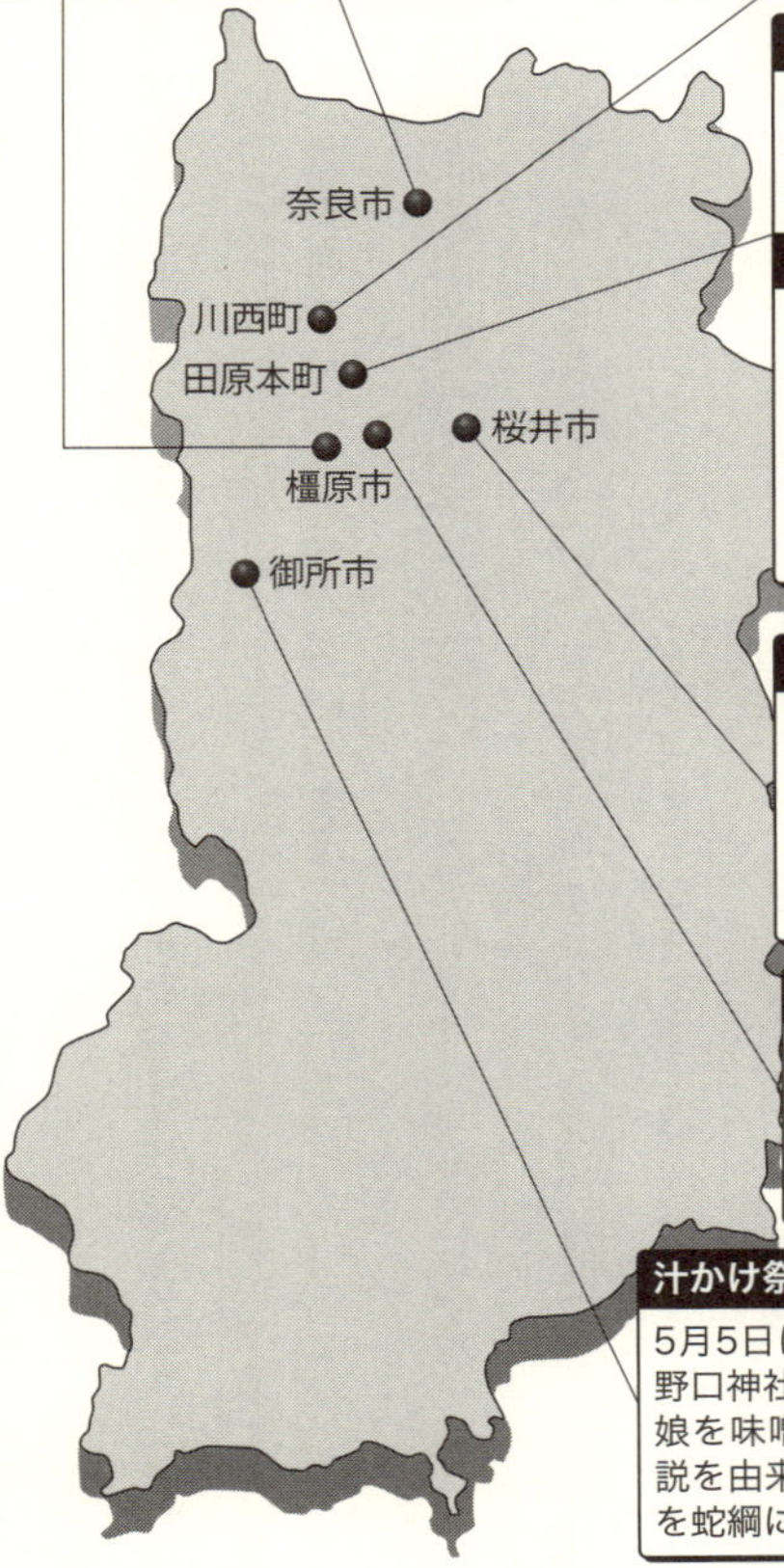

鍵の蛇巻き

6月の第1日曜日に行なわれる。頭部の大きい蛇巻を作成して五穀豊穣を祈る。

今里の蛇巻き

6月の第1日曜日に行なわれる。全長20メートルほどの蛇が作られ、集落を巡行。途中でこの蛇に巻かれると無病息災で過ごせるという。

ノグチサン

桜井市箸墓で行なわれる野神行事で、麦藁でムカデを作り、祀る。17歳の男子が土用の丑の日前後の日曜日に行なう。

シャカシャカ祭

橿原市上品寺町の野神行事で、蛇綱が町内を巡行し、途中で蛇に水を飲ませる所作が行なわれる。

汁かけ祭り

5月5日に行なわれる御所市蛇穴の野口神社の野神行事。蛇身となった娘を味噌汁をかけて追い払った伝説を由来とし、煮えたぎった味噌汁を蛇綱にかける作法が行なわれる。

奈良県には、蛇を神として祀る神事が数多く存在する。

声が変化したものだともいわれている。これらはすべて、国の無形民俗文化財に指定されている。

ほかにも奈良県には、藁で蛇の形をした綱を作って、それを祀る行事が数え切れないほどたくさんある。

これではまるで、奈良県を見回すと蛇だらけのようではないか。

蛇は忌み嫌われるばかりではない

現代では、蛇の姿を見ると悲鳴を上げたり気味悪がったりする人がほとんどである。汁かけ祭りの起源伝承のように、時に蛇は女性の妄執・執念の象徴ともされ、あまり良いイメージは抱かれない。

一方、古代の人々も蛇を怖れたが、それは畏れるといった方が近い。蛇は神あるいは神の使いとして祀られる存在でもあったのだ。

たとえば、三輪山の神である大物主神《おおものぬしのかみ》は、ある姫のもとに毎晩通っていたが、姿を見せてくださいと姫に懇願され、美しい小さな蛇の姿を見せた。箸墓《はしはか》伝説（↓136ページ）である。大神神社にも神の使いである蛇が棲むという「巳《み》の神杉《かみすぎ》」が祀られている。実はこのような伝説は、諸国の「風土記《ふどき》」にも見られ、奈良のみならず全国に残っている。

蛇綱に煮えたぎった味噌汁をかけて娘の供養を行ない、豊作を祈る蛇穴の汁かけ祭り。（御所市役所提供）

そうしたなか、奈良県の各地で今も行なわれている蛇の祭祀は、仏教伝来以前の「野神《のがみ》」と呼ばれる信仰の形を伝える神事なのである。

「野神」行事の形式としては、蛇を榎に巻きつけたり、集まった人々に味噌汁を振る舞ったり、鋤《すき》や鍬《くわ》などの農耕具を奉納したりとさまざまである。

だが、どの祭りも、五穀豊穣を祈願して行なわれるという共通点を持つ。だから、そのほとんどが五月から六月の田植え前の時期に行なわれるのだ。

またどの祭りにも、子供が蛇巻きの担ぎ手として参加する。蛇が脱皮して大きくなるように、子供の成長を祈願する神事でもあるといえよう。

廃仏毀釈で寺が全滅したとされる十津川村にふたつだけ寺があった！

かつて十津川《とつかわ》村には、五四の寺があった。しかし、明治時代の神仏分離令を契機とした廃仏毀釈《はいぶつきしゃく》によってすべての寺が廃された。僧侶は還俗《げんぞく》か村からの追放という厳しい選択を迫られ、村民は全員が玉置神社の氏子《うじこ》となった。廃仏毀釈によって、全国で多くの寺が取り壊されたが、十津川村ではことに徹底的に行なわれた。この理由としては、同村が古くから勤皇《きんのう》、尊皇《そんのう》の気風が強かったからではないか、と考えられる。

六七二年の壬申《じんしん》の乱では、天武天皇軍に参加して戦功を挙げ、なんと明治の地租改正まで租税を免除された。これだけの長期にわたる赦免地であったことは全国でも珍しい。幕末には、文久《ぶんきゅう》三年（一八六三）の天誅組《てんちゅうぐみ》の変に呼応して挙兵したのをはじめ、勤皇・尊皇活動をする者が多く、幕府支配を脱して朝廷の管轄に入るとともに、御所の警護にあたるなど活躍はめざましく、明治四年（一八七一）には郷民全員が士族に列せられた。御所警護は薩摩《さつま》、長州《ちょうしゅう》、土佐《とさ》の三藩以外では十津川郷士のみが任じられたといい、それほど十津川郷の勤皇精神は高く評価されていた。

かくして激しい廃仏毀釈によって、全寺が廃された十津川村であるが、じつは現在寺がふたつ存続しているという。それも、廃仏毀釈以前と同じ名前を持つ寺である。

寺のひとつは「光明寺《こうみょうじ》」で、かつての建物は残っていないが、地域の人々が建てた建物を寺の施設として、そこへ月に二回住民が集まって、経を唱えるなどの活動が行なわれている。

村に残るもうひとつの寺が「龍泉寺《りゅうせんじ》」で、こちらもかつての建物は残っていないが、檀家のひとりが仏像を隠し持ち、それを子孫に伝えていたのである。

そして平成二年（一九九〇）に、信者の子孫や地域の人々の活動が実り、寺が再建された。天井には龍の絵が描かれ、常駐する住職もいる立派な寺である。龍泉寺という名は、寺の周囲に蛇のアオダイショウがたくさん生息していて、それを龍に見立てたことから付いたものだという。

この寺には仏像が二体あるが、十津川村歴史民俗資料館には、四体の仏像が保管・展示されており、なかには、廃仏毀釈の後に改築され、小学校として使われていた建物の屋根裏から出てきたものもある。

廃仏毀釈の嵐のなか、十津川村の仏教徒たちは、まるで隠れキリシタンのように仏像を隠し、信仰を保ち続け、村の仏教の復興に大きな貢献を果たしたのだ。

広陵町がかぐや姫の伝承地を名乗るのはなぜ？

全国の靴下生産の約四割を占め、靴下の町としても有名な広陵町《こうりょうちょう》は、近年、かぐや姫の町としても売り出している。かぐや姫の登場する『竹取物語《たけとりものがたり》』は、平安時代初期に生まれたわが国最初の物語（小説）であり、この話をおとぎ話だと思っている人が多いが、これは決して荒唐無稽《こうとうむけい》な話ではなく、それなりに納得できる根拠があるのだ。

『竹取物語』に登場する、光る竹の中からかぐや姫を見つけて育てた竹取の翁《おきな》の名は、「さぬきの造《みやつこ》」という。これは、「さぬきの村の長」といった意味。広陵町は、奈良時代から広瀬郡と呼ばれていた地域で、町内には古代に散吉《さぬき》郷と呼ばれた地域があり、讃岐一族が住んでいたと考えられている。加えて、郷の中心には「讃岐造《さぬきのみやつこ》」を祀ったとされる「讃岐神社」も鎮座している。讃岐神社は、一〇世紀の『延喜式《えんぎしき》』にも記載されている由緒ある神社で、周辺には現在でも竹藪があり、「竹」や「藪」のつく姓が多く見られる。

『春日権現験記絵《かすがごんげんげんきえ》』に記されている光る竹が発見されたという竹林の候補地もここにあるし、かぐや姫の名付け親として登場する「御室戸斎部《みむろとのいんべ》の秋田《あきた》」の名も、広陵町に伝わる

「三諸岡《みもろおか》」という地名に通じ、ここに「斎部の秋田」が住んでいたという設定が連想される。『竹取物語』では、やがて美しく成長したかぐや姫に五人の貴公子が求婚するも、かぐや姫がそれぞれに無理難題を持ちかけて退ける場面が登場する。

五人の求婚者について『竹取物語』には、石作皇子《いしづくりのみこ》、車持皇子《くらもちのみこ》、右大臣阿倍御主人《うだいじんあべのみうし》、大納言大伴御行《だいなごんおおとものみゆき》、中納言石上麻呂《ちゅうなごんいそのかみのまろ》と、官職と名前が書かれている。阿倍御主人以下三人は実在の人物であり、石作皇子は石作氏と同族の多治比嶋《たじひのしま》、そして車持皇子は、天智天皇と車持氏の女性との間に生まれたと噂される藤原不比等《ふじわらのふひと》とされている。この説を唱えたのが、江戸時代末期に『竹取物語考』を書いた国学者の加納諸平《かのうもろひら》である。

実はこの五人は、壬申の乱で功績のあった天武・持統天皇時代の人物たちで、『日本書紀』や当時の貴人の名簿にあたる『公卿補佐《くぎょうほさ》』にも名が記載されている。

そして、なんとかぐや姫と同音の名を持つ女性も存在したのである。第九代開化《かいか》天皇のひ孫に「迦具夜比売命《かぐやひめのみこと》」という女性がいて、第一一代垂仁《すいにん》天皇の妃になっているのだ。その伯父には、讃岐垂根王《さぬきのたるねのきみ》という人物もいた。また、かぐや姫に求婚したものの、かぐや姫が月に帰ってしまったため失恋した天皇は、文武《もんむ》天皇だという説もある。

このように、ほとんどの登場人物たちが実在していたと聞くと、かぐや姫の物語は広陵町を舞台に本当にあった出来事をモデルとしたというのも、うなずけるのである。

天川村に能をもたらした紀伊半島の地理的背景とは？

吉野郡の天川村《てんかわむら》に鎮座する天河大辨財天社《てんかわだいべんざいてんしゃ》は、天河神社と呼ばれて人々に親しまれる。石段を登ると、左側に本殿が、右側には能舞台がある。弁財天が芸能の神様であることはよく知られているが、神社の境内に、それも本殿と並んで能舞台があるというのは珍しい。

江戸時代には、この神社を本所として能楽座《のうがくざ》が結成され、能楽者の来演も相次いだ。しかも天河神社では、代々の神主も自ら能を舞うことができ、紀州《きしゅう》（和歌山県）まで奉納に出かけていたというのだ。これは、神社の経営のための興業という面もあったと考えられている。最近ではそのような興行は行なわれていないが、高齢の氏子のなかには、能楽の謡《うたい》を口ずさめる人がいるという。まさに、能が生活のなかに溶け込んでいるのである。そして現代でも、毎年七月一七日の大祭には、観世座《かんぜざ》による能の奉納が行なわれている。

天河神社では、寄進された能面や能装束を多数保存しているし、謡本などの文書も数多い。芸能には、悪霊を退散させ、祖霊を祀る力があると古くから信じられてきたが、山深いこの地でこれほどまでに能が盛んになったのには、どういう理由があったのだろう。

※能を栄えさせた天川村の地理環境

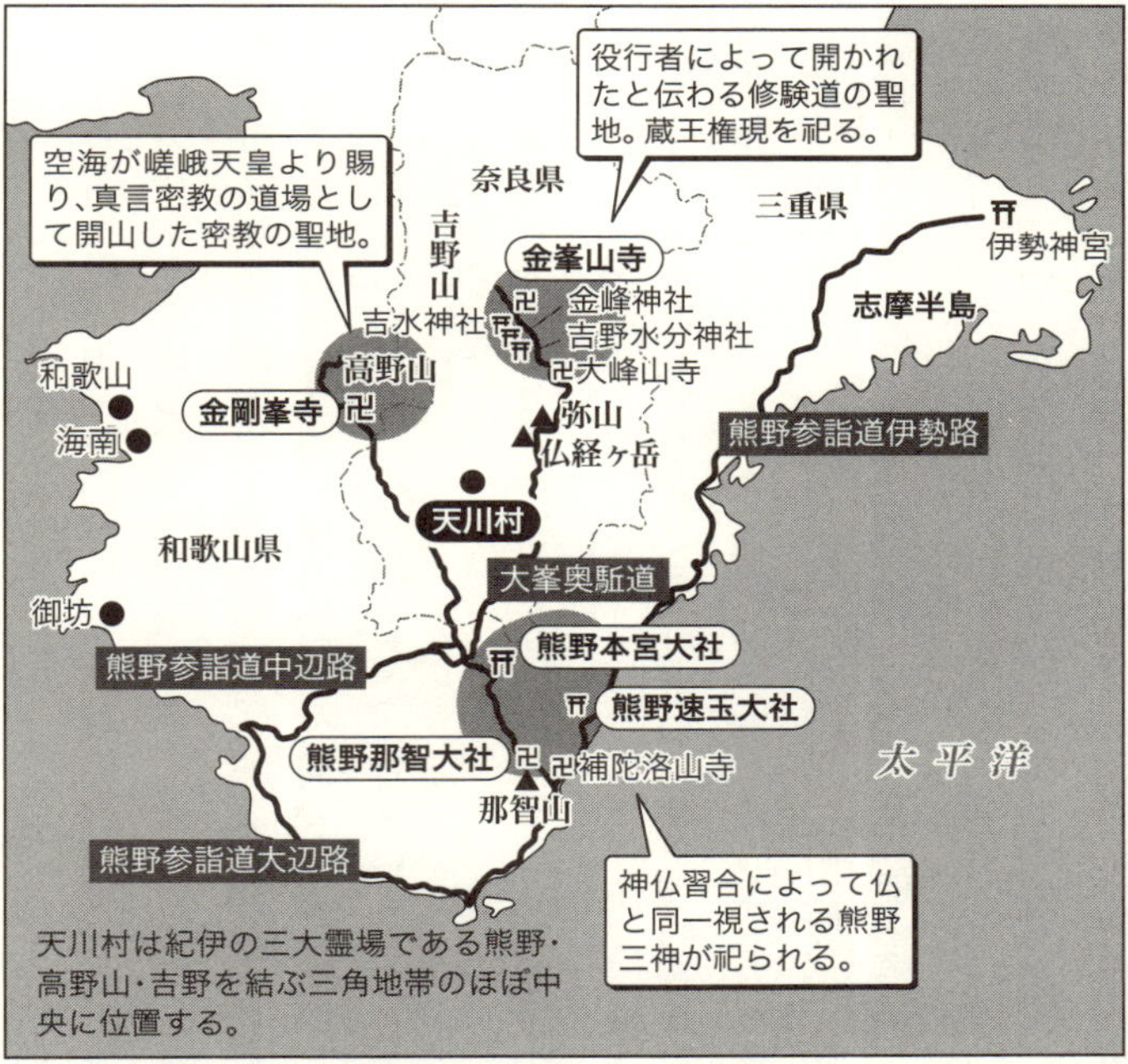

修験道の山伏たちを迎え能が盛んに行なわれていた天河大辨財天神社。（天川村役場提供）

紀伊半島の地図を眺めてみると、三大霊場である熊野三山を祀る神仏習合の霊場「熊《くま》野《の》」・真言密教《しんごんみっきょう》の道場「高野山《こうやさん》」・修験道《しゅげんどう》の聖地「吉野」を結ぶ三角地帯のほぼ中央に、天川村が位置しているのがわかる。しかも近くには、修験道の中心地とされる大峯山《おおみねさん》の宿場、洞川《どろがわ》がある。そうした地理的条件から、天川村一帯は神聖視されて山伏たちが集うようになった。鎌倉時代頃には山伏たちの間で洞川に宿泊し、翌日に天河神社に立ち寄って、神楽《かぐら》を見物するという習慣が生まれた。神楽によって神と一体化し、霊験にあやかれると考えていたのである。

そもそも、天河神社の創建も、修験道の祖とされる役小角がこの地を訪れた際、天女が降りてきて、それを弁財天と感得したという伝説による。弁財天は水の女神でもあり、別名を「妙音天《みょうおんてん》」ともいうが、これは水のせせらぎの音から音楽の神となったと考えられる。役小角は、天河のせせらぎを弁財天の奏でる音楽として聞いたのかもしれない。

能が天川で盛んになった直接の発端は、室町時代、能の大成者として知られる世阿弥《ぜあみ》（観世元清《かんぜもときよ》）の嫡男・観世元雅《もとまさ》がここを訪れて能を奉納したことによる。世阿弥・元雅父子は、足利六代将軍の義教《よしのり》によって演能を禁じられたため、京を出て大和の越智《おち》氏のもとに身を寄せていたが、所願成就のため、神楽の盛んな天川を訪れて神社に能の「唐船」を奉納して能面を寄進した。それ以来、天河神社では能が盛んとなったのである。

大神神社の境内には、なぜ本殿がないの!?

桜井市を走るJR万葉まほろば線（桜井線）、その三輪駅を降りてすぐの松並木が大神《おおみわ》神社の参道である。参拝者は、参道を進むにつれて、なだらかな円錐形の三輪山《みわやま》に近づいてゆくことになる。神社がたくさんある奈良でも、大神神社は最古の歴史を保ってきた神社である。鬱蒼《うっそう》とした緑に囲まれた境内の様子も、由緒を感じさせる。

この神社に祀られている主たるご祭神は大物主神《おおものぬしのかみ》（倭大物主櫛甕魂命《やまとのおおものぬしくしみかたまのみこと》）で、出雲の大国主神《おおくにぬしのかみ》の国造りに力を貸した神力の強い神といわれる。参道の正面には堂々たる拝殿《はいでん》があり、参詣に訪れた者はそこで参拝する。

ところがこの神社には、本殿がない。拝殿のほかに多くの摂社《せっしゃ》・末社《まっしゃ》もあるのに、肝心の神の座所である本殿がないのである。これでは、神様に祈りを捧げてもちゃんと届くのかどうか不安になるかもしれない。

だが心配しなくていい。大神神社の御神体は、三輪山そのものなのである。拝殿の奥には、明神《みょうじん》型鳥居の両脇に小型の脇鳥居をつけ、さらに瑞垣が左右に延びる「三ツ鳥居」があり、それを介して三輪山を拝むようになっているのだ。

本殿がないのは不思議に思えるが、これは最も古い形式の神社で、本来の祭祀のあり方をよくとどめているといわれる。古代の人々は、神が山や大木、岩などの自然物に宿ると考えていた。そうした依代《よりしろ》に神を降ろして祀るのが、最も素朴な祭祀の形なのである。

宮司でさえ立ち入りのできない場所がある

山を神聖視するという形式も、最も古い信仰のひとつである。古代日本人は、形の美しい山を神が鎮座する「三諸《みもろ》の神奈備《かんなび》」と称し、崇めてきた。三輪山は、この神奈備信仰の一典型であり、大和政権草創期の古代天皇もこの山を祀って来たと考えられている。山中には、祭祀用と思われる巨石群が残っている。現代でも三ツ鳥居から奥の二〇〇メートルほどは禁足地となっていて、一般人はもちろん宮司でさえめったに立ち入りはできず、学術調査もほとんどなされていない。

元旦の午前零時に始まる繞道祭《にょうどうさい》では、この三ツ鳥居の扉が開かれ、宮司が燧杵《ひきりぎね》・燧臼《ひきりうす》による古来の着火法で御神火をつける。この御神火を移した大松明をかついで、摂社・末社を巡拝する。大和の新年の始まりである。

山そのものが御神体と聞くと、人跡稀な場所にある険しい山を想像するが、意外なこと

大神神社の拝殿。現在の拝殿は、寛文《かんぶん》４年（1664）に徳川四代将軍の家綱が再建したものである。

に神奈備とされる山は、人里に近く、低い独立峰ということが多い。三輪山もまさにこの典型で、標高四六七・一メートルで長く山裾を引いた姿は、大和平野のどこからでも仰ぎ見ることができる。三輪山が御神体だというのは、大和平野の人々にとってごく自然なことで、大神神社は「三輪さん」と呼ばれて親しまれているのである。

三輪山には登ることもできるが、通常の登山とは違って「登拝」となる。上り下り約四キロの行程で、二時間ほどで下山できるが、三時間以内に下山しなければならないそうだ。大神神社の北側にある狭井《さい》神社で受付をしてもらい、三〇〇円を納めて「参拝証タスキ」をかけて自らを祓い清め、登拝道を心静かに登るようにしよう。

山の辺の道近くにある「カタヤケシ」とはいったい何か？

桜井市の三輪山の麓にある穴師坐兵主《あなしにますひょうず》神社の参道脇には、土俵を持つ小さな神社がある。ここは、「カタヤケシ」と呼ばれており、地元にはカタヤケシという「字《あざ》」名も残る。「カタヤ」は方屋と書き、土俵の四本柱の内側のことを指す。「ケシ」については「方屋家司」「方屋敷き」など、諸説ある。この神社では、土俵を示す位置に四本の檜《ひのき》が植えられていて、それが目印になっているが、土俵そのものはない。実はここは、相撲が発祥したという伝承の地なのである。

昭和三七年（一九六二）一〇月には、相撲発祥の伝承地であるカタヤケシで、時津風《ときつかぜ》理事長を祭主に、大鵬《たいほう》、柏戸《かしわど》の両横綱以下全幕内力士が参列し、手数《てず》入りが奉納された。

『日本書紀』垂仁天皇七年に以下のような記述がある。七月七日、当麻蹶速《たいまのけはや》という力自慢の者が、自分に並ぶ強い者と生死を問わず力比べをしたいものだと言い、それならばと出雲《いずも》から野見宿禰《のみのすくね》が呼ばれた。両者は向かい合って相撲を取り、結局は野見宿禰が当麻蹶速の肋《あばら》を踏み砕いて殺し、勝利したという。わが国初の天覧相撲である。

山の辺の道近くに鎮座する相撲神社。野見宿禰を祀る境内には土俵（カタヤケシ）が見える。

このときの相撲は、互いに蹴り合い、ついには相手を殺害におよぶ激しいものだったが、相撲はその後、さまざまな形で盛んに行なわれた。皇極天皇元年（六四二）、宮中では百済からの使者をもてなすために相撲が行なわれたし、儀式の際には歌舞とともに相撲が行なわれた。聖武《しょうむ》天皇は全国の農村から屈強な者を選び出して、宮中の庭で相撲を取らせた。そうした風習が平安時代には相撲節会《すまいのせちえ》として定着していった。

時の横綱も奉納した土俵入り

宮中での相撲は、庶民の間で古くから行なわれていた相撲が取り入れられたものと考えられる。そして相撲はただの力比べではなく、その年が豊作かどうかを占う重要な農耕儀礼であり、神事であった。

現在でも、奈良県内の神社では、相撲を奉納する神社が数多い。勝敗を競うというよりは、雅楽が奏でられるなかで取り組みの身振りをしたり、力士が手を組んでぐるぐる回ったり、体にたくさん泥がついたほうが勝ちだったりという儀礼的なものである。

奈良市奈良阪町にある奈良豆比古《ならづひこ》神社で、一〇月八日の宵《よい》に行なわれる「翁舞《おきなまい》」という古式の舞は、国の重要無形民俗文化財に指定されている。舞の翌日には、講のメンバーから選ばれた六〇歳以上の老人ふたりが神事相撲を演じる。行司から受け取った白幣のついた榊の小枝を捧げ、舞殿を三度回る。力や技を競うのではなく豊作を祈る神事であり、「ホーオイ」の掛け声は「稲穂が多い」を意味するという。

現代の我々がテレビなどで見ている相撲は、江戸時代に人気を集めた勧進《かんじん》相撲の流れをくむもので、神事とはいえスポーツとしての側面が強い。

相撲の祖となった野見宿禰を祀るのが、ここから東南約四キロの桜井市出雲の地にある十二柱《ばしら》神社だ。三メートルもの巨大な五輪塔があるが、これは明治時代の初めまであった野見宿禰古墳塚を移築して祀ったものだ。そしてこの神社は、古代天皇の中でも武勇で名を成した武烈《ぶれつ》天皇の泊瀬列城宮《はつせのなみきのみや》の伝承地でもある。

人々が桜の苗を植えて功徳を積もうとしたことで生まれた吉野の桜

吉野といえば、一面に咲き誇る見事な桜が目に浮かぶ。西行《さいぎょう》や松尾芭蕉《まつおばしょう》をはじめ、吉野を訪れて桜の見事さに賛嘆した文人墨客も枚挙に暇がない。

ところが、八世紀後半頃にかけて編纂された『万葉集《まんようしゅう》』には、吉野の桜を詠んだ歌が一首もないのである。吉野を主題とする歌は四四首あるものの、どれにも桜は登場しない。これは、八世紀半ばに編まれた漢詩集の『懐風藻《かいふうそう》』でも同じで、吉野を詠み込んだ漢詩は二〇首あるが、やはり桜については何も触れていない。

ということは、当時の人々が、吉野＝桜といったイメージを抱いていなかったことになる。むしろ、万葉時代の人々は、山々が折り重なって続く吉野を、厳しい自然の地ととらえていた。壬申の乱において吉野で兵を挙げて勝利を収めた天武天皇も、その后である持統天皇も、苦しい時代を忘れまいとするかのように吉野への行幸《ぎょうこう》を繰り返した。その頃の吉野の歌によく詠まれたのは、桜ではなく吉野川の急流だった。

時代が下ると、吉野には雪のイメージが定着する。静御前《しずかごぜん》は、都から落ちのびた源《みなもとの》

義経《よしつね》と吉野で涙の別れを交わして、

吉野山 峰の白雪《しらゆき》 ふみわけて 入りにし人の 跡ぞ恋しき

と詠んでいる。やはり吉野は都とは異なる厳しい自然環境を連想させる土地であった。

それでも、あれほどの桜があったのなら、印象に残らないはずはない。じつは吉野の桜は自然に生えたものではなく、人々の手によって植えられ、保護されてきたものなのだ。

桜を植えると税金対策になった？

七世紀頃、修験道の祖とされる役小角が蔵王権現《ざおうごんげん》像を桜の木に刻んで、「桜は神木だから切ってはならぬ」と吉野の村人たちに告げたという。古くからあった桜を神聖視する習慣に加え、平安時代にこの伝説が流布されるようになると、桜が保護されるようになった。村人や修験者たちは、桜は一枝でも折ってはいけないとし、枯木や枯葉でさえ薪にはしなかったという。また、桜の苗木を植えたり奉納したりする者には、功徳《くどく》があると信じられた。

平安時代末期の『新古今和歌集』には、西行が吉野の桜を詠んだ歌が登場する。この頃になってようやく桜が意識されるようになったのだ。

その後も、吉野の桜は増え続けた。豪商や公家《くげ》は大量の桜の苗を寄進し、豊臣秀吉《とよとみひでよし》も吉

吉野の千本桜。桜の名所である吉野には、毎年多くの観光客が詰めかける。（吉野町役場提供）

野の花見の折に、一万本の苗と資金を寄進している。

桜を植えた地は免税となったことも、植樹ブームに一層の拍車をかけた。結果、吉野の桜は、「下千本」から「中千本」を経て「上千本」、そして山頂付近の「奥千本」へと、次第に広がっていった。

そして現代の我々が、吉野の桜を眺めることができるのは、地元の人々の不断の努力の結果である。桜の木は一度植えたら植えっぱなしでいいものではなく、手入れが必要なのである。ことに吉野は湿気が多いためか、七〇年ほどで枯れる木が多いという。明治初期には廃仏毀釈のあおりを受けて荒廃しかけたが、幾度もの危機を乗り越えて、吉野の桜は咲き続けているのである。

矢田坐久志玉比古神社の楼門に飾られたプロペラの意味とは？

大和郡山市にある矢田《やた》坐《にいます》久志玉比古《くしたまひこ》神社にお参りして、ふと上を見上げた人はびっくりすることだろう。楼門《ろうもん》には、およそ神社のイメージにはそぐわない飛行機のプロペラが、「航空祖神」の木額とともに高々と据えられているのである。

木製のプロペラは、第二次世界大戦前の帝国陸軍最初の単葉戦闘機で、旧中島飛行機により製造された九一式戦闘機のプロペラと同じ型だという。昭和一八年（一九四三）、帝国陸軍により掲げられた。また木額は旧海軍の航空隊司令から戦後、参議院議員を永年務めた源田実《げんだみのる》氏が、奉納したものだという。

まさかプロペラが回転を始めて神社ごと飛び立つようなことはあるまいが、プロペラと神社という意表を突く取り合わせは、なぜ生じたのだろうか。

この神社の祭神は饒速日命《にぎはやひのみこと》という。饒速日命は天照大神《あまてらすおおみかみ》の孫で、天から地上にやってきて、豪族の物部氏の祖となったとされている。

饒速日命は天照大神から授けられた、死者を甦らせる力を持つ十種類の神宝を携え、三二柱のお供の神を従えて、「天磐船《あまのいわふね》」に乗って天降った。

気になるのは「天磐船」であるが、それがどんな形をしていて、どんな飛び方をしたのかは、残念ながら何も伝えられていない。

しかも饒速日命らは、まず河内国《かわちのくに》河上《かわかみの》哮《たける》ケ《が》峯《みね》に天降ったが、そこから再び天磐船に乗ると、大空を飛んで大倭国《おおやまとのくに》鳥見《とみの》白庭山《しらにわのやま》に至ったという。これは再度の飛行が可能だったということで、ますます興味が深まるところだ。ただし、大阪府交野市の磐船神社の御神体が天磐船とされている

このように「天磐船」に乗って空を旅しながら大和へやってきたということから、饒速日命は「航空祖神」として、航空関係者らの信仰を集めているのである。

また、矢田坐久志玉比古神社は、「矢落明神《やおちみょうじん》」という別名で呼ばれることがある。これは、饒速日命が住まいを定めるために、天磐船から三本の矢を射たという神話に由来するものである。

その二の矢が落ちた所が当神社で、境内には「伝承　二之矢塚」がある。一の矢は南東一キロ先の民家の私有地に落ちたとされ、また、三の矢が落ちた北矢田社会教育会館付近には「伝承　三之矢塚」がある。周辺の「矢田」という地名は、饒速日命が射たという矢にちなんだものである。

戦艦「大和」に祀られていた神社が奈良にある!?

天理市に鎮座する大和《おおやまと》神社の例祭は「ちゃんちゃん祭」と呼ばれ、毎年四月一日に行なわれる。ユニークな名前の由来は、付近の寺の僧侶が、寺の鉦鼓《しょうこ》を「ちゃんちゃん」と打ち鳴らしてお渡りの神輿を迎えたためといわれている。

「ちゃんちゃん祭」は、大和の神社の大祭のなかでは一年の一番早い季節に催され、春を告げる祭りとされている。神宮寺《じんぐうじ》であったといわれる長岳寺《ちょうがくじ》の住職も加わって神輿のお渡りが行なわれる。これに対して一年の最後を飾るのが一二月一七日の春日若宮《かすがわかみや》の「おん祭」で、「祭り初めはちゃんちゃん祭、祭りおさめはおん祭」と親しまれている。

大和神社の主祭神・大国魂大神《おおくにたまのおおかみ》は、かつて天照大神とともに宮中に祀られる格式の高い神社であった。しかし崇神《すじん》天皇が、二神が同じく祀られているのは畏れ多いとして天照大神を笠縫邑《かさぬいのむら》に、大国魂大神を穴磯邑《あなしのむら》に祀らせ、その後幾度かの遷座を経て、現在の地に鎮座した。

現在の祭神は旧来の大国魂大神と八千戈神《やちほこのかみ》、御歳大神《みとしのおおかみ》が加わる大国魂大神と八千戈神は、どちらも大国主神の異名で、八千戈神はことに武勇に優れた神である。

八世紀の中頃には、大和のみならず、尾張《おわり》、武蔵《むさし》、常陸《ひたち》、安芸《あき》、出雲《いずも》の諸国に三二七戸の神封《じんぷ》（神社に寄進された封戸）があてられていた。これは伊勢神宮に次ぐ多さである。また九世紀には、従二位《じゅにい》、従一位《じゅいちい》、正一位《しょういちい》の神階《しんかい》を次々に授けられており、やはり伊勢神宮に次いで重視されていたことがうかがえる。

さらに大和神社の神は、意外な場所にも分祀《ぶんし》されていた。それは史上最強といわれた戦艦「大和」の艦内。日本海軍の軍艦の内部には、必ずといっていいほど神社が祀られ、艦名にちなんだ神社から分祀することが多かったのである。しかも、大和神社の祭神は、武勇の神、破邪顕正《はじゃけんせい》の神であることに加え、航海神の性格をも持っていた。

『万葉集』には、山上憶良《やまのうえのおくら》が遣唐使《けんとうし》を送る歌があり、

「……諸々の大御神たち　船舳《ふなのへ》に導きまをし　天地の大御神たち　倭の大国霊　久方の天の御虚《みそら》ゆ　天かけり見落とし給ふ」と、この祭神に航海の安全を祈願している。

また、奈良時代にこの神社の祭祀を司っていた大倭直《おおやまとのあたい》氏は、神武東征の水先案内をつとめた椎根津彦《しいねつひこ》を祖とし、豊後水道あるいは明石海峡を本拠としていた一族だと考えられている。まさに、海との関わりが深い神社である。戦艦「大和」が沈没した際に亡くなった人々の霊は末社・祖霊社に合祀され、境内には「戦艦大和記念塔」も建立されている。

古代の冷蔵庫の神が祀られる神社がある!?

真夏に氷を浮かべた飲み物をキューッとやるのは、現代人ならではの楽しみ。だが、冷蔵庫のないはずの古代の人々も、真夏の氷を味わっていた。

この事実を示すのが、現在の奈良国立博物館と道を挟んで鎮座する氷室《ひむろ》神社である。この神社が祀ったのは「氷室明神」。「氷室」とは、冬にできた氷を保存しておく室のことで、ここに入れた氷はなんと夏を越しても溶けることがなかったという。

氷室の起源は古く、『日本書紀』の仁徳《にんとく》天皇の時代に、その記事が見られる。天皇の異母弟とされる額田大中彦皇子《ぬかたのおおなかつひこのみこ》が狩りに出かけたところ、庵《いおり》のようなものを発見した。そこで、その地の長を呼んで「あれは何か」と訊ねたところ、「氷を貯蔵する室です」という。さらに皇子が、「どのようにするのか」と問うと、長は「土を一丈（約三メートル）余り掘り、その上に草をかぶせます。なかには茅やススキを厚く敷き、氷をその上に置くと、夏を越しても溶けません。その氷は暑い時期に、水や酒に浮かべて使います」と答えた。

毎年5月1日に行なわれる氷室神社の献氷祭。神前に、花や鯛・鯉などを封じ込めた氷柱が供えられる。（奈良市観光協会提供）

皇子が、その氷を持ち帰って天皇に献上すると、天皇は喜び、毎年一二月には氷を保存し、春分にそれを分けて配ったという。この氷室は現在の天理市にあった氷室とされ、同地にも氷室神社が祀られている。

氷室は、標高の高い山の北側、日の当たらないところに設けられ、平安時代の『延《えん》喜式《ぎしき》』によると、大和の周辺に二一室が設けられていたという。奈良市の氷室神社は、和銅《わどう》三年（七一〇）の平城京遷都に際して、春日野《かすがの》や吉城川《よしきがわ》上流に氷室が設けられた際、御蓋《みかさ》山麓に勧請《かんじょう》されたものと伝わる。その後、幾度かの遷宮を経て、貞観《じょうがん》二年（八六〇）に現在の地に鎮座した。毎年五月一日には「献氷祭《けんぴょうさい》」が行なわれ、氷の仕事の繁栄が祈願されている。

畝傍山麓で、村や神社まで移動させる天皇陵の壮大な引越しが行なわれていた！

大和三山のひとつ畝傍《うねび》山麓には、神武天皇陵、綏靖《すいぜい》天皇陵、安寧《あんねい》天皇陵、懿徳《いとく》天皇陵と、四つの天皇陵があり、神武天皇を祀る橿原《かしはら》神宮が鎮座する。とくに橿原神宮は四九万二〇〇〇平方メートルという広大な神域を有し、古代天皇の神苑ともいうべき空間が広がっている。これらは、江戸時代末期から明治時代にかけて、半ば強引に指定された天皇陵を中心に、その後に整備・拡張されたものである。それはかつて畝傍山麓にあった村落ばかりか、古くから祀られてきた神社さえも巻き込む引越し騒動へと発展する事業であった。

ことの発端は幕末。幕府の権威が低下するなかで尊王攘夷《そんのうじょうい》運動が高まり、公武合体《こうぶがったい》が盛んに唱えられた。そして、古代の天皇の陵墓がそれぞれどこなのかを調査し、それを幕府が整備することこそ、公武合体政策を推し進めるものと考えられた。

それならば、まずは初代天皇といわれる神武天皇陵を定めなくてはならない。現代では、神武天皇は伝説上の人物とされているが、当時は実在したと信じられていた。

神武天皇陵として候補にあがったのが、畝傍山の東北にある小丘の「丸山」と、「ミサ

初代天皇である神武天皇を祀る橿原神宮の拝殿と、畝傍山。畝傍山の山麓は神武天皇の陵園として整備されている。

ンザイ」と呼ばれる場所だった。「ミサンザイ」とは「みささぎ」の訛りで、現地には「神武田」の訛りとされる「ジブデン」という地名も残っていたのである。

「丸山」か「ミサンザイ」か議論がなされたが、結局は「ミサンザイ」が神武天皇陵だと決定した。だがその場所は、九世紀に創建されたのち廃寺となった国源寺の基壇だという説のほうが有力だ。

では、なぜ「丸山」ではなく「ミサンザイ」になったのだろう。当時の「丸山」の近くには村があり、混乱する政局のなかでは、陵墓の整備のために村を移転させる余裕がなかったため。なんと、このような理由で決められたのが神武天皇陵なのである。こうしてまず神武天皇陵が築造された。

天皇陵を見下ろす位置に神社があってはいけない

明治時代になると、神武天皇が即位した橿原宮跡と伝わる場所に橿原神宮が創建される。そして、明治三〇年（一八九七）には一帯を神苑として整備・拡張する計画が持ち上がった。すると、畝傍山にある村から、神苑にやって来る勅使や参拝者を見下ろすことになるということが問題視された。そして大正時代に、この第一次拡張計画が実施されると、周辺の土地は政府に買い上げられ、集落およそ二二〇戸がまるごと移転させられたのである。

さらに昭和に入ると、昭和一五年（一九四〇）に控える紀元二六〇〇年に臨んで神苑の第二次拡張事業が始まる。このときも、およそ二四〇戸の民家が移転させられている。

このとき、畝傍山の山頂にあったのが、畝火山口神社である。もとは畝傍山麓の西の尾にあったが、中世に山頂に移されていた。橿原神宮が整備拡張されると、その神社が神武天皇陵や神宮を見下ろすことになってしまうため、現在の畝傍山の西麓に移築となった。

この神社の夏季大祭は、「お峯のデンソソ」と呼ばれている。神社が山頂にあった頃、祭りの太鼓の音が山の上から「デンソソ、デンソソ」と聞こえたことから、こう呼ばれるようになったのだという。昔から、夏痩せの子供には、この日に綿入れの着物を着せてお参りさせると治る、といわれる。

奈良の土地柄が生んだ3つのことわざとは？

広く親しまれていることわざのなかには、奈良を起源としたものがある。それは「後《あと》の祭り」「早起きは三文の得」「元の木阿弥《もくあみ》」の三つ。

まず「後の祭り」は、「手遅れ」、「時期を逸する」などの意味を持つことわざである。これは祭りの前半が華やかでおおいに賑わったのに、後半はたいした出し物もなく、見物に行っても面白くなかったことに由来するという。

この祭りは京都の祇園祭《ぎおんまつり》のことだとされているが、そうではなく、奈良の春日大社《かすがたいしゃ》の祭りだという説がある。春日大社の摂社の若宮神社では、毎年一二月に「春日若宮おん祭《まつり》」が開かれる。一五日の大宿所祭に始まり、一六日は宵宮祭、一七日は遷幸《せんこう》の儀《ぎ》、暁祭《あかつきさい》、御渡り式、御旅所《おたびしょ》祭など、催し物がいくつも続く。だが一八日は奉納相撲と後宴能《ごえんのう》があるだけで、華やかさに欠ける。これが起源だというのだ。

「早起きは三文の得」は、奈良で鹿が神様の使いとして大切にされていることからできたことわざだという。

ある朝のこと、ある家の前で、鹿が行き倒れて死んでいた。すると、その家の主人は、三文の罰金を取られてしまった。そのため、そんな不注意で三文を取られてはかなわないと早起きし、家の前で鹿が倒れていないか確かめる習慣が広まったという。万が一鹿の死体があった場合はどうするか。それは、こっそりと隣りの家の前に移すのである。当然移される心配から隣りの人も早起きし、死体があればこっそりそのまた隣りに移す。結局、最終的に一番遅く起きた家の家主が罰金「三文」を払う羽目になったとか……。

そうした理由だから、本来ならば「三文得する」ではなく、「三文損をしない」という意味だったのである。

「元の木阿弥」は、一度はよい状態になったものの、また元に戻ってしまうことである。

この由来にも諸説あるが、大和郡山《やまとこおりやま》の城主、筒井順昭《つついじゅんしょう》の死にまつわる逸話から生まれたという説がよく知られている。順昭は、跡継ぎの順慶《じゅんけい》がまだ幼いことから、自分の死を隠すように遺言して病死した。そこで順昭の替え玉として選ばれたのが、順昭に姿や声が似ている盲人《もうじん》の木阿弥である。木阿弥は、三年間城主として替え玉を務めたが、やがて順慶が元服すると、用済みとなり、元の木阿弥に戻ったというのである。

奥深い奈良発祥のことわざ。長い歴史を持つ奈良であってこそ、人間の本質を突く格言が数多く生まれたのだろう。

奈良公園の鹿は、どのように数えている!?

奈良といえば、「修学旅行で鹿せんべいをあげたっけ」などと、まず奈良公園の鹿を思い浮かべる人も多い。

奈良公園に鹿がたくさんいるのは、春日大社がお祀りしている神様・武甕槌命《たけみかづちのみこと》が、白い鹿に乗って鹿島から来られたと伝えられているからである。そのため、鹿は古くから神聖なものとして大切にされ、鹿を殺したり傷つけたりした者は重い罰を受けたという。

もちろん現代でも国の天然記念物に指定され手厚く保護されており、その一環として行なわれるのが、頭数調査である。だが、公園の鹿であっても基本的には野生動物である。広い敷地の中を自由に動き回っている鹿を、どうやって数えるのだろうか。

頭数調査をしているのが、「一般財団法人 奈良の鹿愛護会」と、同会関連の「鹿サポーターズクラブ」である。まずメンバーは、三、四人ずつの班に分かれ、全部で一二〜一五ほどの班を作る。そして、奈良公園の西側、興福寺《こうふくじ》・猿沢池《さるさわいけ》付近に一列に並んだら、肉眼と双眼鏡で鹿の数を数えながら前進する。列を崩さないよう集合ラインが二カ所決まっていて、全部の班が揃ってから、また先へ進む。途中では無線で連絡を取り合うという念の入れようである。

こうして、奈良公園の東端にあたる若草山《わかくさやま》まで、鹿の数を数えながら進むのである。頭数調査は、毎年七月の一五、一六日の二日間に渡って行なわれる。これは、二回数えることによって、より正確な頭数を出すためだが、ほかにも理由がある。

奈良公園の近くには緑深い一帯もあるため、不意に野犬などが出て来ることがあるのだ。すると、敏感で動きの早い鹿は一勢に逃げ出してしまい、また最初から数え直さなくてはならない。そのため、二日間の日程を組んでいるのである。

この調査では、オスとメスの数も区別して数えている。鹿なら、オスには角があってメスにはないから数えやすいのではないかと思いきや、そう簡単にはいかない。一歳のオスはまだ小さな角しか生えていないため、〝鹿慣れ〟した愛護会のメンバーでもオスかメスか見分けるのが難しいという。

鹿の愛護会があるというのも、この地ならではのことだが、奈良公園の鹿は、こうした人々の努力の積み重ねによって、守られてきたのである。平成二五年七月一五・一六日の公園内調査結果では、オス二一〇頭、メス七三六頭、子鹿一四八頭、総数一〇九四頭であった。これに鹿苑内保護数二九九頭を加えると、鹿の総頭数は一三九三頭となる。

第四章
古式ゆかしい地名のルーツ

「飛鳥《あすか》」と「明日香《あすか》」、いったいどちらが正しいの？

歴史的にも名高い「アスカ」の地名は、現在の住所表記において、高市郡明日香村《たかいちぐんあすかむら》となっている。ところが、歴史で習った「飛鳥時代」の「アスカ」の表記は「飛鳥」であり、近鉄吉野線の駅名も「飛鳥」である。はたしてどちらが正しいのだろうか？

その答えを得るには、まず「明日香」と「飛鳥」の由来をひもとく必要がある。

もともとこの一帯は「アスカ」と呼ばれていた。「アスカ」の語源については、飛鳥川の洲であったことから、「ア（接頭語）」と「スカ（洲処＝川水、海水等によって生じた砂地）」の組み合わせであるとする説がある。一方では、安住の地を意味する「安宿」、朝鮮語でアンスクが訛《なま》ってアスカとなったという説もある。

これは、当時、渡来系《とらいけい》の人々が渡り鳥（飛ぶ鳥）のようにあちこち転々としてきたが、ようやく安住の地を見つけた。そして、「アスカ（安宿）」と名付けたという説である。この「アンスク」（アスカ）の音は、「安宿」「明日香」「阿須賀」「飛鳥」などの漢字を当てることができる。

さらに、『万葉集《まんようしゅう》』には、「飛ぶ鳥の明日香の里を置きて去《い》なば　君が辺りは見えずかもあらむ（一一七八）」という歌がある。この歌によって「明日香」の枕詞《まくらことば》が「飛ぶ鳥」となり、すなわち「飛鳥」が「アスカ」と読まれるようになったのである。これはアスカの地に鳥類が数多く生息することによるものだ。地名・年号を二字にする七一三年の好字《こうじ》二字令《じれい》に従って、枕詞の「飛ぶ鳥」を飛鳥と地名に充てたとも考えられる。

　こうしてみると、「飛鳥」と「明日香」は、どちらも正しいといえる。

　現在の明日香村は、昭和三一年（一九五六）、旧高市村、旧飛鳥村、旧阪合《さかあい》村の三村が合併したもので、飛鳥村も実際に存在していた。現在も、明日香村の大字《おおあざ》として飛鳥という地名は存在している。なお、合併の際、三つの村が円満に合併できるように、万葉学者の犬養孝《いぬかいたかし》氏が提案して採用されたとも。当時を知る方のお話である。

　「スガ」は、「スガスガシイ」場所に通じる。「スガ」に「ア」という美称がつき「アスカ」となり、より素晴らしいところであると理解されてきたのである。いずれにしても、「アスカ」＝「素晴らしい所」という意味であることは間違いない。

日本神話の舞台である「高天原《たかまがはら》」が葛城に伝わる不思議

「高天原《たかまがはら》」といえば、日本神話が伝える神々の世界であり、天照大神《あまてらすおおみかみ》が統べる世界とされる。この高天原を舞台に国土創成や天岩戸《あまのいわと》の神話が展開されるのだが、なんとその高天原とされる場所が、奈良県の葛城《かつらぎ》にある。御所市《ごせし》にそびえる金剛山麓《こんごうさんろく》の高台にある高天《たかま》という集落がその場所で、伝承地には高天彦《たかまひこ》神社が鎮座する。

では、この地が古くから天皇家のものであったのかというと、じつはそうではない。葛城は、四世紀後半から五世紀、天皇（大王《おおきみ》）家と覇権を争うほどの勢力を誇った葛城氏の発祥の地である。ではなぜ、一豪族の発祥の地が、のちに神々の住まう聖地と結びつけられてしまったのだろうか。

葛城氏は五世紀末に、雄略《ゆうりゃく》天皇によって滅ぼされるまで、天皇家の外戚《がいせき》として絶大な権力を誇っていた。三輪《みわ》の大和政権に先行して、葛城氏による葛城王朝が存在したという歴史学者の鳥越憲三郎《とりごえけんさぶろう》氏による「葛城王朝説」も提唱されるほどで、実際に、葛城地域では葛城氏が残したと考えられる遺跡が数多く発見されている。

ところが、雄略天皇が葛城氏を滅ぼすと、大和政権は葛城氏が支配していた土地や人民を天皇家のものとしただけでなく、葛城氏が祀っていた神やその神話までも、そのまま天皇家のものとして取り込んだ。そのため、もともと葛城氏が伝えてきた高天原の神話が大和政権のものとなり、高天の名もそのまま伝えられてきたのではないかといわれている。

日本最古の地名「忍坂《おっさか》」が、統治機構の名前になった？

桜井市の「忍坂《おっさか》（忍阪）」は、記録に残された最古の地名である。

その理由は、和歌山県橋本市の隅田《すだ》八幡宮の国宝「人物画像鏡」に見ることができる。この鏡に刻まれた金文《きんぶん》には、「意柴沙加《おしさか》」の文字がみられ、これが「忍坂」のことを指すという。同時に鏡には西暦四四三年と思われる「癸未年八月」とあり、この鏡の製造が『古事記《こじき》』（七一二年成立）、『日本書紀《にほんしょき》』（七二〇年成立）よりも以前のものであることから、忍坂は文字として記された最古の地名であると証明できるというわけだ。

忍坂には長い坂道があり、もともとはこの坂道を忍坂と呼んでいたが、やがて坂道だけでなく、そのあたり一帯の地名になっていった。

その後、忍坂地域に、允恭《いんぎょう》天皇の皇后・忍坂大中姫《おしさかのおおなかつひめ》の宮が建てられた。そして、この皇后宮に仕える役人は「忍坂部」と呼ばれ、のちに「オサカベ」には「刑部」の字があてられるようになる。そして、のちの令制八省のひとつで、律令時代の司法を司り、裁判を行なう機関である「刑部省」の語源になったともいわれている。

紀伊山地の奥座敷にある「前鬼《ぜんき》」は役行者《えんのぎょうじゃ》に仕えた鬼たちの末裔が宿屋を営む地!?

平成一六年（二〇〇四）、ユネスコ世界遺産に登録された「紀伊《きい》山地の霊場と参詣道《さんけいみち》」の奥座敷、吉野郡下北山村・大峯奥駈道《おおみねおくがけみち》の中ほどに「前鬼《ぜんき》」という珍しい地名がある。この地名の由来は鬼の名だという。

一三〇〇年余り前、修験道《しゅげんどう》の祖といわれる役行者《えんのぎょうじゃ》（役小角）は、生駒山《いこまやま》に棲んでいた鬼夫婦を改心させて従者とした。夫の鬼を「前鬼」、妻の鬼を「後鬼《ごき》」といった。やがて役行者はふたりに対して「もう十分に修行を積んだので、お前たちは鬼ではない」といって、前鬼には「義覚《ぎかく》（または義学）」という名を、後鬼には「義賢《ぎけん》（または義玄）」という名を与えた。ふたりには五人の子供が生まれ、その子供たちはみな、役行者の弟子となった。

役行者は、子供たちを弟子としてつき従わせていたが、ある時、五人に対して、「山を下りて、五軒の宿坊を建て、ここを訪れる山伏《やまぶし》たちに奉仕しなさい」と命じた。役行者の命に従った五人は、両親が住みついた地（前鬼）にて宿坊を営んで、連綿としてこの修験道の聖地を守護してきた。

この夫婦の五人の子の名は、義達《ぎたつ》、義継《ぎけい》、義上《ぎじょう》、義元《ぎげん》、真義《しんぎ》といい、それぞれ「五鬼《ごき》助《じょ》」「五鬼継《ごきつぐ》」「五鬼上《ごきじょう》」「五鬼童《ごきどう》」「五鬼熊《ごきぐま》」家となり、「小仲坊」「森本坊」「中之坊」「不動坊」「行者坊」を営んでいた。

この宿坊は代々子孫によって受け継がれ、なんと明治の中頃まで、子孫が営む宿坊が残っていたという。しかし、明治元年（一八六八）の神仏分離令や明治五年（一八七二）の修験禁止令など時代の変遷とともに、明治の末期から次々と姿を消し、現在では、六一代目の五鬼助義之さんが営む小仲坊だけが残って、千三百余年の法灯を護っている。

「吉野川」は、なぜ和歌山県に入ると「紀《き》の川」になるのか？

吉野川《よしのがわ》は奈良県南部、紀伊山地の北斜面を流れ、紀伊水道に注ぐ川で、全長は一三六キロメートルにおよぶ一級河川である。奈良時代には川沿いに南海道《なんかいどう》が走り、江戸時代の参勤交代の道筋としても重視され、沿岸には五條《ごじょう》をはじめとする宿場が栄えた。

ところでこの吉野川、なぜか和歌山県に入った途端、「紀《き》の川《かわ》」と呼ばれるようになる。

なぜ、ふたつの呼び名があるかというと、奈良県ではたしかに昔から「吉野川」という名が定着していたものの、下流の和歌山県では、紀の国にちなんで「紀の川」と呼ばれていたためだ。

では、「吉野川」と「紀の川」、どちらが正しいのかというと、官公庁に登録されている呼称を正式名称とするならば、「紀の川」が正式名称となる。奈良県を流れ吉野川と呼ばれるのは約八〇キロメートルで、半分以上を占めるものの、こちらはあくまで通称名に過ぎない。河川法では、河川の名の表示は必ず本流のみが、基本的には源流から河口まで水系の名称で統一される。一般的に、ひとつの川に複数の呼称がある場合、下流部地域の名称が正式名称になる場合が多い。ただし、これはあくまで目安であって、実際には河川審議会で決定される。

昭和四〇年（一九六五）にこの川が一級水系の指定を受けたときに、「紀の川水系紀の川」という統一名に確定された。

「紀の川」が正式名称とされた背景には、このほか江戸時代、紀伊国は徳川御三家《ごさんけ》のひとつ紀州徳川家が治めていたため、その威光により、水利権が紀伊側にあったからだという人がいるが、それは事実ではない。

力関係ではなく、流域人口や利水量が和歌山県側は、奈良県側よりも多く、また、一方では、洪水被害に度々襲われ、治水対策に何百年も取り組んできたという事実もある。そういった歴史的要因にも配慮して、和歌山県での呼び方のほうが採用されたわけだ。

ここで、視点を大きく変えてみよう。四国を横断する中軸河川は、「吉野川」である。奈良県にも「吉野川」がある。同じ河川名をふたつの大きな川に名づけることなどできるはずがないことは自明の理だろう。では、なぜ名づけられているのか？

なんと、奈良県の吉野川と四国の吉野川とは、地中深い所で一本の川を形成しているという事実があるのだ。この川が「古《こ》吉野川」。現在は中央構造線と呼ばれる。すなわち、紀伊半島から四国中央を横断し大分県に達する大地溝帯なのである。

京の端を意味する「京終《きょうばて》」でも、端ではなかったかもしれない!?

奈良市の南には北京終町、南京終町、京終地方《じかた》西側町、京終地方東側町という四つの「京終」がある。京終は、「きょうばて」と読み、「京が終わる」ところを意味する。

もっとも、この場合の「京」とは、京都のことではなく平城京。都・平安京《へいあんきょう》の極《きわ》を意味する京都の京極《きょうごく》と同じ由来である。「終わり」は物事が終わるという意味ではなく「端」を表わしている。京終の地名が残る一帯は、文字通り平城京の南東端にあたる場所なのだ。

ところが、平成一七年（二〇〇五）の発掘調査によって、新たな発見があった。平城京の外の地区と考えられていた左京九条の南側に、十条大路南側溝、北側溝が見つかったのである。さらに十条大路の南側の調査もしたが十一条以南の条坊は、見つかっていない。このことから、平城京の条坊は、南北九条ではなく、それよりひとつ多い十条だったとみられるのだ。そうなると、いまの京終は、厳密には〝平城京の端〟ではなかったことになる。

ただし、平城京の南北が十条だったのは造営された当初の一時期に限られ、奈良時代の半ばごろまでに、十条は廃絶していたらしい。つまり、奈良時代の半ば以降は、九条までが京域内ということになるため、いまの京終は、その名のとおり、平城京の南東の果てだったと考えられる。その名に偽りはなかったというわけだ。

奈良県十津川《とつかわ》村と北海道新十津川町の深いつながりとは？

奈良県吉野郡十津川《とつかわ》村。奈良県の最南端に位置し、日本一広い面積を持つ村である。この十津川とよく似た地名に、北海道新十津川《しんとつかわ》村（現在は新十津川町）がある。なかなか珍しい名称の一致だが、何か深い関係があるのだろうか？

じつは、明治二二年（一八八九）、奈良県の十津川郷から六〇〇戸、二四八九人の村人が、北海道の石狩《いしかり》河畔に新村を開くため移住するという出来事があった。このときに移住した人々が、〝新たな故郷〟といった意味合いを込めて、十津川の名に「新」をつけて新十津川村と命名したのである。

十津川村から約一二〇〇キロメートルも離れた北海道への移住となったのは、この年に十津川を襲った大水害が原因だった。豪雨により、山からの土砂を含んだ濁流が村に押し寄せ、全壊・流出家屋四二六戸、耕地の埋没・流失二二六ヘクタール（およそ村全体の耕地の三分の一）という壊滅的な被害を受けたのである。生活の基盤を失った村人は三〇〇〇人におよび、十津川の復興には大変な困難が予想された。

そこで被災した十津川に対する救済策として明治政府が提案したのが、北海道への移住だった。当時、樺太《からふと》の経営とロシアの南下政策に対処するため、石狩平野の開拓が急がれていたのである。村人の願いと政府の思惑は一致し、明治二二年から二三年にかけて二六〇〇人余りが北海道への移住を決意した。

慣れない極寒の地での開拓は困難を極めたが、明治三〇年代に入ると、米栽培も本格化し、新十津川の人口も飛躍的に増えていった。

一方、移住せずに十津川村へ残った人々も村の復興に努め、明治二三年（一八九〇）二月には六か村が合併して、新たな十津川村が誕生。見事に蘇った。以来ふたつの十津川村は、現在に至るまで「母子の村」として盛んに交流を行ない、強い絆で結ばれている。

平成二二年（二〇一〇）、再び十津川村は大水害に見舞われ、大きな被害を受けた。このとき、北海道の新十津川町の住民の方々が真っ先に駆け付けたことは記憶に新しい。

箸墓《はしはか》古墳の「箸」は食器の「箸」ではない!?

邪馬台国《やまたいこく》の所在地の有力な候補地、ひいては大和政権発祥の地と目される桜井市大字箸《はし》中《なか》の纏向《まきむく》遺跡に、巨大な前方後円墳・箸墓古墳《はしはかこふん》（倭迹迹日百襲姫命《やまととひももそひめのみこと》大市墓《おおいちのはか》）がある。

この「箸墓」という古墳の呼び名の由来は、『日本書紀《にほんしょき》』崇神《すじん》紀に次のように記される。

崇神天皇の叔母の倭迹迹日百襲姫命は、聡明で、物事を予知する能力があった。あるときは、臣下による謀反の気配を察知し、天皇に助言して事なきを得た。その後、倭迹迹日百襲姫命は、三輪山に鎮座する大物主《おおものぬし》神の妻となった。

ところが、大物主神は、倭迹迹日百襲姫命のもとに夜になってからしかやってこなかった。姫は、どうしても夫の姿を見たくなり、姿を見せてほしいと頼んだ。大物主神は、仕方なく櫛笥に入った自分の姿を見て驚かないようにと伝え、小蛇の姿を見せたが、姫が驚いて叫んだため、怒って三輪山に帰ってしまった。自分の行ないを悔いた姫は、天を仰ぎみたまま座りこんだ。そのとき、箸が姫の陰部《いんぶ》をついてしまい、これによって姫は絶命した。間もなく人々と神によって大市に墓が築かれた。人々はこの経緯から、倭迹迹日百襲姫命の墓を「箸墓」と呼んだのである。

しかしながら、この『日本書紀』に見える伝説は、あくまで伝説であり、本来、この墓は「ハジ＝端ハカ」と呼ばれていたという。「端の墓＝ハジノハカ」がいつしか訛《なま》って、「ハシハカ」と呼ばれるようになり、前述の伝承が仮託されたようだ。

また、他には、「ハジの墓」を意味するという説もある。「ハジ」とは古代の氏族・土師《はじ》氏のことである。土師氏は、埴輪《はにわ》の制作や陵墓の造営に従事しており、優れた土木技術を持っていた。また、天皇の葬送儀礼にも関与していた。この氏族の居住地のひとつが現在の箸中周辺であり、土師氏の墓、ハジハカが、ハシ墓となって伝わったというわけだ。

どちらにしても、「ハシハカ」の呼び名が先にあって箸墓の物語が創られたと考えられる。

「雷丘《いかづちのおか》」の地名由来は、雷《かみなり》を捕まえた男からきた？

明日香村にある「雷丘《いかずちのおか》」には、ふたつの地名由来伝説がある。

ひとつは『日本書紀』に記されている。それによると、雄略天皇が家来の小子部栖軽《ちいさこべのすがる》に、三輪山の神の姿を直に見てみたいから連れてくるようにと命じた。そこで、栖軽は三輪山の大蛇を捕まえて天皇の前に差し出した。その大蛇は、まるで雷のような音を立て、目をらんらんと輝かせて天皇を威嚇したため、天皇は恐れ入って今度は大蛇を丘に放つよう命じた。結果、この大蛇が放たれた丘を「雷丘」と呼ぶようになったという。

もうひとつは『日本霊異記《にほんりょういき》』にある。こちらの主人公も栖軽である。栖軽は、雄略天皇が雷を捕まえてくるようにと命じたため、雷雨の最中、馬上で剣を抜き、雷神に対して、「天皇がお呼びである！」と叫んだ。すると、豊浦寺《とゆらでら》と飯岡の中間に雷が落ちていたため、その場所を「雷丘」と呼ぶようになったというものだ。

どちらの伝説でも、栖軽は、雷神を捕まえたり、三輪山の神の化身の大蛇を捕まえたりと、およそ人間離れした活躍をするが、じつはこの栖軽は実在の人物かもしれないという説がある。

雷丘の西斜面から、雄略天皇の時代と同時代の五世紀後半のものとみられる円筒埴輪《えんとう》片などが多数出土したのである。このことは、ここにかつて古墳があったことを示すと考えられることから、『日本霊異記』に記された、「雷神を捕えた臣下が数年後に亡くなり、雷丘に葬った」との記述と合致して、栖軽の墓であった可能性もあるとみられている。

また、天皇が、そこに「雷を捕えた栖軽の墓」と書いて碑をたてたとも書かれており、これが雷という地名の起こりとも言われている。

奈良と難波《なにわ》を結ぶ要衝として実は結構にぎわっていた「暗峠《くらがりとうげ》」

奈良と大阪を結ぶ国道三〇八号「暗越奈良街道《くらがりごえならかいどう》」の最高所（標高四五五メートル）、生駒山頂から南へ下がった鞍部《あんぶ》にある「暗峠」。峠の道には、郡山藩により敷設された石畳がいまも残っており、その風情から「日本の道100選」にも選ばれている。

「暗峠《くらがりとうげ》」という漢字のごとく、樹木が鬱蒼《うっそう》と生茂り昼間も暗い山越えの道であった。しかし、「暗峠」の名前の由来は、もともと「鞍借り」「鞍換え」「椋ヶ根《くらがね》」といったものが訛って、それがいつしか「暗」の漢字があてられるようになったのだそうだ。ただ、いくつかの説があり、これもそのひとつである。

また、「暗峠」というと、なんとなくうら寂しいといったイメージだが、じつは、暗峠を通る道は、約一三〇〇年前の奈良時代に設置され、奈良の都から難波津へ行くときの最短ルートとして重宝されていた。

奈良時代には、遣唐使《けんとうし》一行が暗峠を越えて難波津へ行き、そこから唐へと出立した。唐からやってきた鑑真《がんじん》も、この暗峠を通って平城京へ入ったという。

江戸時代になると、伊勢参りへ向かう人々がこの暗峠を通った。江戸時代の国学者《こくがくしゃ》・本《もと》居宣長《おりのりなが》の『古事記伝《こじきでん》』にも、暗峠の記述がある。それによると、「暗峠は（奈良と難波の）近道だから、『直越《ただごえ》』という」といった内容が記されており、暗峠がよく知られたところだったことがわかる。峠では多くの旅人や荷物が往来し、江戸時代後期には、旅人の休み処となる茶屋や旅籠《はたご》が二〇軒近くも建ち並んでいた。「暗峠」は、その名が持つイメージとは裏腹に交通の要衝として賑わう場所だったのである。

香具山に「天」の称号が冠されている理由とは？

天香具山《あまのかぐやま》、畝傍山《うねびやま》、耳成山《みみなしやま》は大和三山と呼ばれ、飛鳥時代から親しまれてきた山々であるが、なかでも標高一五二メートルの香具山は、「天＝あめ・あま」と冠されて特別視されてきた。

たとえば、『万葉集』の持統《じとう》天皇の歌に、

春過ぎて 夏来《きた》るらし白たへの 衣ほしたり 天の香具山（一—二八）

とある。また、国見《くにみ》の山としても知られ、舒明《じょめい》天皇が山の上から飛鳥を見渡し、国土の美しさと繁栄を称える歌を残している。

ではなぜ、香具山だけが特別視されてきたのだろうか？

『伊予国風土記《いよのくにふどき》』逸文《いつぶん》によると、天上世界にもともと香具山という山があり、その山が地上世界に降りてきたとき、ふたつに分かれて、ひとつは大和に降りて「天加具山《あまのかぐやま》」となり、もうひとつは伊予国に降りて「天山《あめやま》」となったという。つまり、香具山は、天から降りてきた由緒正しく、格式の高い山であり、高天原に至る聖地なので、大和の香具山が天の香具山と呼ばれて、他の山より一段高い位置に置かれるようになったのである。

三輪山周辺になぜか散見される出雲《いずも》の地名

出雲郷《いずもごう》、出雲屋敷《いずもやしき》……。一見出雲大社が鎮座する島根県の出雲を連想させる地名であるが、じつはこれらは、奈良県桜井市の三輪山周辺の地名である。不思議なことに、この地域の地名をよくみると、出雲系の神や神社、出雲の地名が多くみられるのだ。

また、『日本書紀』にはこんな伝説が残っている。

垂仁天皇の時代、当麻蹶速《たいまのけはや》という力自慢がおり、「自分より強い者はいないだろう。もしもいるなら、戦いたい」と吹聴していたため、〝出雲〟国の野見宿禰《のみのすくね》を呼び寄せて勝負させたという。

やはり、「出雲」というと、すぐに浮かぶのは出雲大社がある出雲だが、前述の伝説や、日本神話に登場する出雲は、島根県の出雲ではなく、三輪山周辺を指すのではないかという説がある。三輪山麓には、有力な出雲系の氏族が居住しており、出雲文化を形成していたが、やがて大和政権に征服された。

大和の出雲族が伝えていた建国の神がオオナムジであり、大和政権による征服伝説が、国譲り神話となったように、その文化が大和政権に取り込まれたため、三輪山麓には出雲関連の地名や神社などが数多くみられるというわけだ。

こもりくの泊瀬《はつせ》は宿命的な地形がもたらす枕詞

桜井市東部、牡丹で有名な長谷寺のある初瀬川渓谷近辺を「泊瀬《はつせ》」という。語源は大和川をさかのぼってきたとき泊まる（はてる）瀬だという。

『長谷寺縁起《はせでらえんぎ》』によると応神《おうじん》天皇の時代に、この渓谷の上流にあった毘沙門天《びしゃもんてん》の宝塔《ほうとう》が豪雨に流され、長谷寺の参道付近の巨石に引っかかって止まったところから、「泊瀬」（とませ、はつせ、はせなどと読み方は様々）の里と呼ぶようになった、とある。

この泊瀬は、「泊瀬」「初瀬」と表わすほかに「長谷」とも書く。これは、泊瀬が東西に長い形状をした特殊な谷筋であることにちなみ、「長谷＝ながたにの泊瀬」と言われていたものが、長谷も「はつせ」と読むようになった。ところが、平安時代になると、「はつせ」を略して「はせ」と呼ぶようになり、現在に至っている。

泊瀬という地名は、古典にもよく出てくる。たとえば、『万葉集』に、

こもりくの　泊瀬小国《おぐに》に　妻しあれば　石は踏めども　なほし来《き》にける（一三―三三一一）

という歌がある。意味は、泊瀬の小国に妻がいるので、石を踏むような悪い道だけれど、私は（泊瀬に）やってきたというものだ。

当時の「国」とは、いまのような広い地域をさすものではなく、〝その地域〟といった程度の広さだが、それでもわざわざ足元の悪い道をやって来るところに妻への愛情が感じられる。ここで注目したいのは、泊瀬の枕詞《まくらことば》が「こもりく」であることだ。平仮名だとイメージしづらいが、こもりくは、「隠国」と書く。泊瀬が大和川のはてる奥まった渓谷状の地形であることをうまく表現している。

ところで、この渓谷は「初瀬流れ」とも呼ばれている。この清流が時々暴れ川に変身し、悲惨な水害を繰り返してきた。とくに文化《ぶんか》八年（一八一一）の水禍は被害が大きく、死者が百数十名、流れた家屋も二十数軒。また、長谷寺の参詣者の犠牲者は数知れずであった、

という。これは、急流が流れる渓谷を形成する長谷という地形がもたらす宿命的な地理にある。しかし、今は、長谷寺の上流に長谷ダムが建設され治水対策が講じられている

井上町《いのうえちょう》の名の由来となった奈良時代の皇后にまつわる悲劇とは!?

奈良市井上町《いのうえちょう》――。「井上」という名はとりたてて珍しくないように思われるが、この地の「井上」は、奈良時代末期の皇后にちなんだ名である。その皇后とは、聖武《しょうむ》天皇の皇女で、光仁《こうにん》天皇の皇后となった井上内親王《いがみないしんのう》である。

井上内親王は、斎内親王《いつきのないしんのう》として伊勢神宮に奉仕したあと、白壁王《しらかべおう》（のちの光仁天皇）の妻となり、他戸《おさべ》親王を産んだ。宝亀《ほうき》元年（七七〇）には白壁王が即位するに至り皇后となった。井上内親王の地位もさることながら、その出自からいっても、子の他戸親王も次期天皇の座を約束されたようなものであり、ふたりの将来は安泰に思えた。

ところが、他戸親王が即位することを快く思わない反対勢力がいた。藤原百川《ふじわらのももかわ》や藤原永《なが》手《て》などである。彼らは、母の身分は低いながらも、優秀な人材だった光仁天皇の皇子・山《やま》部《べ》親王（のちの桓武《かんむ》天皇）を即位させようと企んでいた。

そうしたなか、宝亀三年（七七二）、井上内親王が天皇を呪詛《じゅそ》し、謀反を企んだという

事件が起こる。内親王はすぐさま皇后の座を廃された。さらに、悲劇は続く。光仁天皇の同母姉である難波《なにわ》内親王が亡くなると、これも井上内親王の仕業であるとされ、内親王は他戸親王とともに大和国宇智郡《やまとのくにうちぐん》に幽閉されてしまう。そして、奇妙なことに、その約一年半後、母子は同じ日に死んだと記録されている。

すると今度は山部親王が体調不良に陥ったばかりか、光仁天皇自身も病に倒れ、全国的に災害が続く事態となる。親王はこれらの異変を井上内親王の怨霊の仕業とみなして恐れ、内親王の名誉回復に努めたのである。

このように朝廷を震え上がらせた井上内親王と他戸親王を祀るのが、奈良町にある御霊《ごりょう》神社である。古来、不遇の死を迎えた皇族や貴族は御霊となって祟り、都に疫病をもたらすといった「御霊信仰」があった。現在、薬師堂町にある御霊神社は、当初井上町にあったが、室町時代に現在地に遷された。井上町の名にはそうした当時の信仰が息づいている。

高取の城下町になぜか土佐ゆかりの地名が伝わる理由

高取城《たかとりじょう》の城下町は土佐街道《とさかいどう》に沿って江戸時代に発達した町で、町の名も北から勧覚寺《かんがくじ》、下土佐、上土佐、下子嶋と並ぶ。かつて高取城は「芙蓉城《ふようじょう》」とも呼ばれ、「巽高取《たつみたかとり》雪かと見れば、雪でござらぬ土佐の城」と謳《うた》われていた。高取町観光ガイドには、土佐街なみ散策コース（約三キロメートル）が紹介されており、江戸時代からの古きよき昔の香りが感じられる城下町の様子がうかがえる。

こうして見ると、一見高知県の話のように思えるが、高取はあくまで奈良県である。そこで気になるのが、奈良県内の町であるのに、街道名や町名に「土佐」の文字が使われていることだ。土佐藩山内《やまうち》家の分家筋が転封でもされたのだろうか？

もちろんそんな歴史はないし、ここに土佐藩士がたくさん住んでいたといったような記録もない。高取町と土佐の関係は、もっとはるか昔、六世紀の初め頃にまでさかのぼる。朝廷は都造りのために、民に労役を課したが、そのなかには、遠く離れた土佐国の人々もいた。彼らは、朝廷の命に従い、労役に従事し、都造りに貢献した。

ところが、労役が終わり、故郷へ帰ろうとしたとき、遠く離れた土佐までの旅費を自分たちでは捻出できなかったのである。朝廷は、土佐から大和まで強制的に彼らを連れてきたものの、都造りが終わると、彼らの帰りの旅費に関してはまったく援助しなかった。そのため、ふるさとへ帰れずここに残った人々が、ふるさとを偲んで「土佐」という名をつけたのだという。

第五章
古都奈良の「今」がわかる迷宮地図

近鉄奈良駅に建っている行基像、実は三体ある！

近鉄奈良駅前広場は、待ち合わせ場所としてよく知られる。その真ん中にお坊さんの像が建っている。古刹名刹《こさつめいさつ》の多い奈良にぴったりともいえる風景であるが、このお坊さんは一体誰なのだろうか？

なんだか微妙な方向を向いているように見えるが、その視線の先には東大寺《とうだいじ》がある。実はこの僧は、東大寺建立《こんりゅう》の功労者となった、教科書でもおなじみの行基菩薩《ぎょうきぼさつ》である。

行基といえば、僧尼令《そうにりょう》によって僧が統制され、民衆への布教が禁止されていた当時にあって、自ら教団をつくり民衆の救済のために布教活動を行なった人物である。また、民衆のための寺院を多数建立するとともに、一方では懸命に社会事業を行なった。土地を開墾して水田を作り、灌漑《かんがい》用の池を掘った。さらに身寄りのない人のための福祉施設を造るなど、人々を助けることにひたすら邁進したのである。行基の様々な活動によって救われた民衆は、感謝の意を込めて行基のことを「行基菩薩」と呼んで慕った。

当初、行基を弾圧していた朝廷も、大仏造立《ぞうりゅう》の際にその協力を得るべく功績を認めたため、行基は聖武《しょうむ》天皇から大僧正《だいそうじょう》（官僧のトップの位）に任命されたのである。

屋外にある行基の像というと、近鉄奈良駅のものが有名で、ここは「行基広場」と呼ばれ、親しまれている。だが実は、同じ行基像が奈良県内に三体もあることは、あまり知られていない。

あとのふたつは陶製（赤膚焼《あかはだやき》）だ。それぞれ行基ゆかりの霊山寺《りょうせんじ》（奈良市中町）、九品《くほん》寺《じ》（御所市楢原）に置かれ、奈良駅前の像と同様、東大寺の方角を向いている。三つのお寺はすべて聖武天皇の勅願寺《ちょくがんじ》で、行基とも深い縁がある。

三体は昭和四五年（一九七〇）に、行基の功績を称えて建立されたものである。もともと奈良駅前の行基像も赤膚焼によるものであったが、心ない者によって破壊されてしまったため、平成七年（一九九五）にブロンズ像として復元された。今も行基菩薩像は、人々を慈悲深い目で見守っている。

近鉄奈良駅前の行基像。現在は台座のみが従来の赤膚焼製。赤膚焼は江戸時代から、小堀遠州の七窯のひとつに数えられた伝統ある焼き物である。

JR奈良駅と近鉄奈良駅はなぜ、離れた場所に建てられたのか？

たとえ鉄道会社は違っても、同じ駅名がついていれば、近くにあって乗り換えられると思ってしまうものだが、JR奈良駅と近鉄奈良駅の場合、乗り換えようと思うと、十数分も歩かなくてはならず、非常に不便だ。

なぜ、わざわざこんな不便なことになっているのだろうか？

その理由を探るには、大正時代にまでさかのぼらなければならない。

JR奈良駅と近鉄奈良駅、最初に駅ができたのは、JR奈良駅である。明治二五年（一八九二）、大阪の湊町と奈良を結ぶ大阪鉄道が開通した。これが、現在のJR大和路《やまとじ》線である。

それから約二二年後の大正三年（一九一四）に大阪電気軌道の大阪上本町・奈良間（現在の近鉄奈良線）が開通する。普通に考えれば、あとからできる駅を、すでに約二二年前からできていたJR奈良駅の近くに建設すればよいことなのだが、そううまく事が運ばなかったのが問題だった。

困難を極めた近鉄敷設

大阪と奈良を結ぶ鉄道が計画され、敷設が許可されたのは、明治末期のことだった。その計画を受けて、鉄道会社「奈良軌道株式会社」が、明治四三年（一九一〇）に設立された。その後間もなく、奈良軌道株式会社は、大阪電気軌道へと商号を変えた。のちにこの商号は関西急行鉄道を経て、戦時中に、近畿日本鉄道へと変わる。

いよいよ鉄道建設が実行される段階になり、JR奈良駅近くの三条町《さんじょうちょう》二四番地に大軌奈良駅を建設しようと、用地買収に乗り出したのだが、近くにガス会社や農事試験場があったため難航する。結局どうしても必要な土地が確保できなかったため、仕方なく、当初の予定地よりも北のほうの場所、東向中町《ひがしむきなかまち》に近鉄奈良駅を置くことにした。

ところが、この第二弾の計画もスムーズにはいかなかった。今度は、奈良市会議員の猛烈な反対に遭ったのである。理由は、そこに近鉄奈良駅を置くと、奈良公園の景観が損なわれてしまうということと、そちらに駅ができて人の流れが変わり、旧来の三条通りがさびれてしまうのではないかというものだった。

結局、奈良市議会では、近鉄奈良駅建設に反対する議員が過半数を超え、大正二年（一九一三）七月には「近鉄が奈良市内に乗り入れるのは、奈良公園の景観を損ない、奈良市の公益に反する」という意見が県知事に対して提出される事態にまでなった。

こうして、大軌は鉄道敷設を断念する寸前まで追い込まれたのだが、土壇場で敷設計画を支持したのが奈良県だった。じつは、大正三年（一九一四）の秋に、大正天皇の即位の御大典を行なうことが決まっていたため、奈良県としては、それに合わせて三条通りの道路を拡張したいと考えていた。そこで、大軌敷設の許可を出した政府に対して、「奈良市議会に反対されているが、もし、三条通りの道路を拡張してくれるなら、鉄道の敷設を許可する」と条件を出したのである。

奈良県の思惑に後押しされる形で、やっと大軌の奈良市内の乗り入れが許可されたため、JR奈良駅からかなり離れているものの、東向中町に大軌が奈良駅を建設することになった。これが現在の近鉄奈良駅である。

数々の困難を乗り越えて、一九一四年に開通した近鉄（大軌）だが、その後の発展は目覚ましいものだった。第一に、生駒山《いこまやま》を迂回する形のJR線に対して、近鉄では、長距離トンネルを開削し、生駒山を横断するルートを確保。最短距離で奈良と大阪上本町を結ぶ鉄道が完成。これにより、奈良と大阪間三〇・八キロメートルが五五分で結ばれた。

奈良県の巧みな駆け引きによって拡張された三条通りは、ふたつの奈良駅をつなぐ奈良のメインストリートとして、多くの店舗が軒を連ねる繁華街として栄えている。

※ 近鉄奈良駅の建設

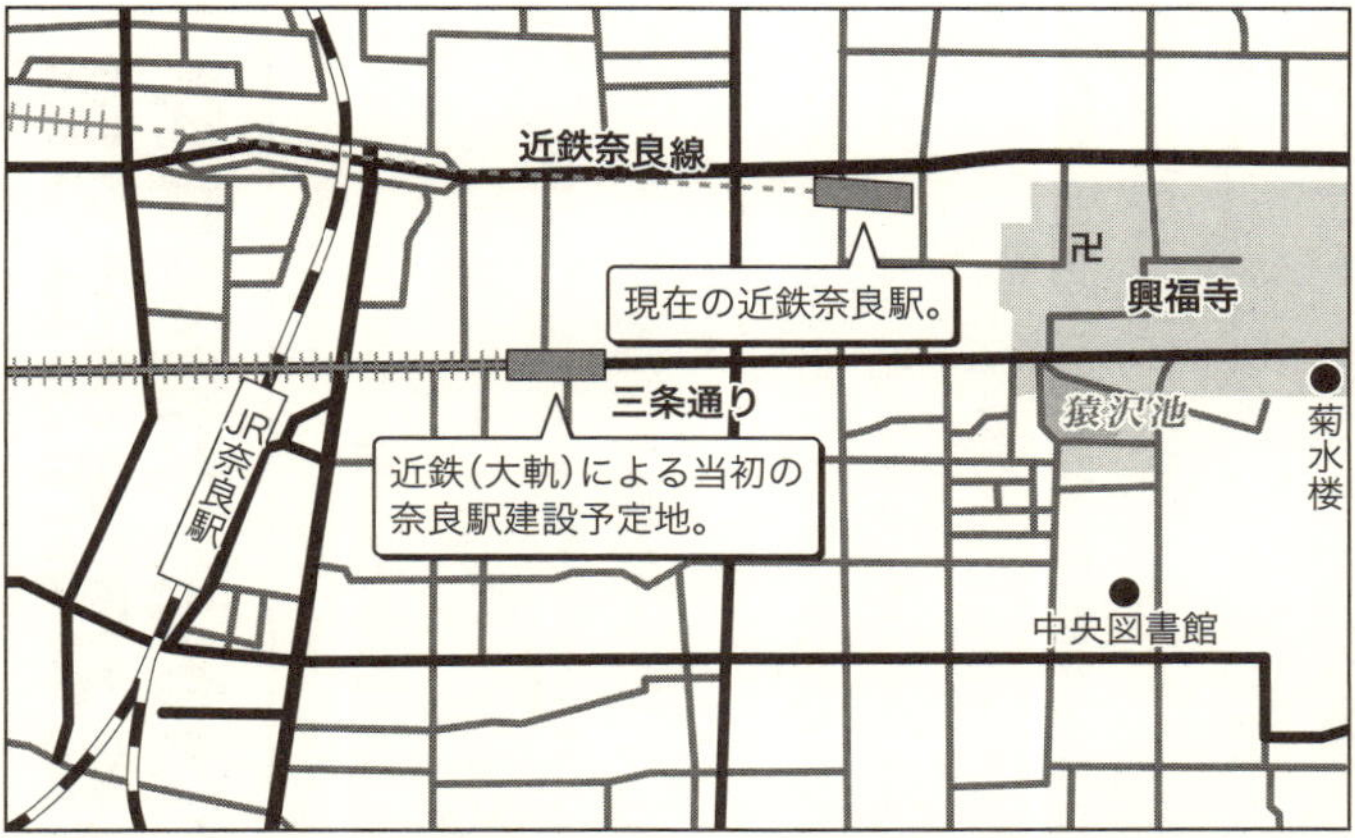

近鉄の前身である大阪電気軌道は当初、JR奈良駅に近い場所に駅を設けようとしたが、用地買収が難航し断念。三条通りを拡張することを条件にようやく県の許可を得ることができた。

JR 奈良駅前。昭和9年（1934）に建てられた国鉄の2代目駅舎が保存されている。（奈良市観光協会提供）

国の特別史跡平城宮跡の中をなぜ電車が走るのか?

ユネスコの世界遺産にも登録されている史跡の中を列車が走る――。
とても現実とは思えないが、そんなロマンチックな路線が近鉄奈良線の大和西大寺《さいだいじ》～奈良間である。南に目を向ければ復元された朱雀門《すざくもん》がそびえ、北に目を向ければ壮麗な大極殿《だいごくでん》を中心に平城宮《へいじょうきゅう》の遺構が広がる。つまり、近鉄線は平城宮の遺跡のなかを東西に貫いて走っているのだ。平城遷都一三〇〇年のイベントに訪れた方は、朱雀門から大極殿へ向かう際に踏切を渡ったことを記憶されていることだろう。
ただ、古代宮都の宮殿跡ともなれば、本来大切に保存されるはずの遺跡である。それがなぜ、このようなことになったのだろうか? 遺跡がたどった歴史を振り返ってみよう。
延暦一三年(七九四)に都が平城京から平安京へと移ったあと、宮殿跡は田園地帯に姿を変えていった。江戸時代の林宗甫《そうほ》著『大和名所記』や貝原益軒《かいばらえきけん》著『大和巡覧記』には、方八町の都の跡があったことが記されており、周辺住民もある程度は宮跡の存在を感づいていたようだ。

平城京跡では、朱雀門跡と大極殿跡の間を近鉄線が通っている。（奈良市観光協会提供）

平城宮跡を愛する人々の思い

平城宮跡を甦らせたのは幕末、実地測量をし『平城宮大内裏跡坪割之図』を作った北浦定政《きたうらさだまさ》だった。

その後、建築学者の関野貞《せきのただし》が本格的な研究を開始した。明治三二年（一八九九）、関野は、佐紀村《さきむら》の「大黒《だいこく》の芝《しば》」と呼ばれていた場所に大極殿の跡を確認し、『平城宮址取調報告』を奈良県に提出した。さらに明治三三年（一九〇〇）、「奈良新聞」にこれらの成果を発表したことで、広く人々に知れ渡った。

これを受けて、すぐに平城宮跡の保存を訴える活動を行なったのが、地元の一市民だった棚田《たなだ》嘉十郎《かじゅうろう》だ。彼の血のにじむような運動が結実し、明治四三年（一九一〇）、平城宮大極殿跡で、平城遷都千二百年祭と建碑地鎮祭を行なうことに成功した。

この行事には、当時の知事ほか来賓だけで四〇〇人が参加し、参観者は数万人を記録したという。

このような努力が実り、大正二年（一九一三）、東京で奈良大極殿址保存会が設立された。地元の佐紀村や村内の地主などからの寄付もあり、徐々に宮跡内の土地の確保が進んでいった。

かくして大正一一年（一九二二）、平城宮跡は「史蹟名勝天然記念物保存法」による史蹟に指定され、昭和二五年（一九五〇）には「文化財保護法」が成立。昭和二七年（一九五二）、平城宮跡は国の特別史跡に指定された。復元された朱雀門の前には、棚田嘉十郎の像が建てられ、その功績を今に伝えている。

このような経緯をたどってきたので、近鉄の前身である大阪電気軌道が鉄道敷設のための用地買収を行なった明治三九年（一九〇六）頃は、まだ宮跡保存のための法的規制がなかった。

そのため路線は宮跡を貫通し、大正三年（一九一四）に開通した。

近鉄路線がゆるやかなカーブを描いている理由

しかし、大阪電気軌道がルートを計画した頃は、棚田らの平城宮跡保存顕彰運動がたけなわの時期であったため、宮跡内での路線変更には応じている。

当初、大和西大寺《さいだいじ》駅からまっすぐに東進する予定だったが、そうすると平城宮跡の大極殿跡を通ってしまうため、朝堂院の南で大きくカーブするように変更した。そのため、この路線はゆるやかなカーブを描いているのである。その結果、のちに「史蹟名勝天然記念物保存法」に指定された大極殿跡や朝堂院・朝集殿院跡などの区画が線路の横断から免れた。

その後、平城宮跡は、昭和三六年（一九六一）の西大寺検車区（近鉄）建設計画と、昭和四一年（一九六六）の宮跡を分断する奈良バイパス（国道二四号）建設計画という二度にわたる危機を乗り越え、良好な保存状態で現在に伝えられている。

平城宮跡が再発見された明治時代から現代に至るまで百年以上にわたり、この史跡を将来に残そうとする多くの先人たちの努力があったことを知らなければならない。

奈良県の特産品は今もスイカ？ 奈良県が全国シェアの8割以上を占めるもの

江戸時代から戦前にかけて、奈良県といえば、スイカの特産地で有名だったことをご存じだろうか？

奈良県でスイカが広く栽培されるようになったのは、慶応《けいおう》三年（一八六七）、稲葉《いなば》村《むら》（現・天理市）の園芸家・巽《たつみ》権次郎《ごんじろう》が、三河国《みかわのくに》からスイカの種を持ち帰り、試作を成功させた頃からだという。

このスイカは「権次郎スイカ」と呼ばれた。

以後、奈良県のスイカは、品種改良を重ねて質を向上させていく。とくに、昭和三年（一九二八）に誕生したスイカは「大和スイカ」の名で人気を集め、特産品の地位を不動のものとした。

さらに、米よりも野菜や果物などが高値で売れる大阪や京都といった大都市圏が近くにあったこと、また、大正時代からすでに、奈良と大阪を直接結ぶ鉄道が敷かれていたことも手伝って、より収益性の高いスイカを多くの農家が栽培するようになったのだ。かくして奈良県のスイカは、昭和四年（一九二九）には一一〇〇ヘクタールもの栽培面積を持つに至る。

まさに奈良盆地一帯がスイカ畑ともいえる状態で、収穫期にはスイカ泥棒からスイカを守る番小屋が建ったという。

では、現在は、どうだろうか？

「『スイカなら奈良県産』というほどのイメージがないな……」というのが、一般的な感想かもしれない。たしかに、戦前の「大和スイカ」のような奈良県産ブランドは耳にしない。収穫物としてのスイカは、昭和三〇年代を境に急速に生産量を低下させ、イチゴなどに栽培地を奪われている。

しかしながら、現在も奈良県は全国のスイカ産業のトップに君臨し続けている。

その理由は圧倒的なシェアを誇る「スイカの種」である。

奈良県磯城郡田原本町法貴寺にある株式会社萩原農場は、スイカのタネのトップメーカーで、シェア率はなんと全国の約五割を占める。さらに、奈良県には、萩原農場以外にも複数の種苗メーカーがあり、それらを合わせると、全国の店頭に並ぶスイカの種の八割から九割は、奈良県産ということになるのだ。

奈良県のスイカの伝統は、タネとして脈々と受け継がれているというわけである。

日本最古の大型遊戯機「飛行塔」は、生駒山上遊園地で今も現役！

テーマパークのアトラクションは年々進化し続け、大遊園地の新アトラクション導入ともなれば、ニュースにもなって大々的に報じられることもある。

一方、それとは対照的に日本最古の大型遊戯機として、いまなお現役で頑張っているのが生駒山上遊園地《いこまさんじょうゆうえんち》の大飛行塔である。

高さ三〇メートル、直径二〇メートルの塔には四機の飛行機が吊るされており、飛行機が回転したり上下動を繰り返したりするアトラクションである。標高六四二メートルの生駒山頂という立地も手伝って、京阪神や奈良の景色を見下ろすことができるため、今なお人気が尽きない。

この大飛行塔が稼働を始めたのは、遊園地が開園した昭和四年（一九二九）のことである。

大飛行塔の設計、施工に携わったのは、土井運動機製作所《どいうんどうきせいさくじょ》、大林組《おおばやしぐみ》、松尾橋梁《まつおきょうりょう》、そして日本エレベーターなど、まさに当時を代表するメーカーばかりで、技術の粋を集めて建造されたアトラクションであった。

戦時中には、アームやロープ、エレベーターが外されて防空監視所として使われたものの、八〇年以上経ってもなお現役というのは驚嘆に値する。

もはや生ける伝説ともいえる飛行塔を有する生駒山上遊園地は、近鉄生駒駅から「生駒の聖天《しょうてん》さん」として知られる参詣スポットで、標高三〇〇メートルの場所にある真言律宗の宝山寺《ほうざんじ》を経由して日本初の複線ケーブルカーで繋がっている。

昭和初期頃、大阪電気軌道（現・近畿日本鉄道）は鉄道の敷設だけでなく、住宅やレジャー施設の開発を積極的に行なった。通勤・通学客が少ない平日の昼間や休日の乗降客を増やすためという背景もある一方で、大正時代以降、奈良のレジャー空間化が進んでいたことが背景にある。

当時の雑誌記事や新聞には、「京阪神の床の間付きの奥座敷」といった表現が見られ、神社仏閣の集まる、大都市郊外のレジャー空間という位置づけが進んでいたことが読み取れるのだ。神社仏閣のほかにも遺跡、『万葉集《まんようしゅう》』の歌を彷彿《ほうふつ》とさせる風景が、近隣の大阪や京都、神戸とはまた違った魅力とされ、奈良の人気は確立されていった。

そうしたニーズを受けて、大正一五年（一九二六）には約五〇万平方メートルの規模を誇る菖蒲池《あやめいけ》遊園地が開園。昭和四年の生駒山上遊園地の開園へと至るのである。

ＪＲ奈良線は奈良線と名乗りながら奈良へ乗り入れていない!?

ＪＲ奈良線の正式区間はどこか？

そんな問いを出されたら、「簡単じゃないか。京都と奈良を結んでいるので奈良線というのだ」と答えたくなるが、じつは、ＪＲ奈良線は奈良駅に到達していない。そればかりか、ＪＲ奈良線の正式な運行区間は京都駅から木津《きづ》駅（京都府木津川市）まで。つまり、奈良県にすら入っていないのである。

もっとも、この事実を厳格に守って、旅客に案内するとひどく不便になるため、通常はＪＲ奈良線として、京都駅から奈良駅までを案内している。

かつてのＪＲ奈良線は奈良を走っていた！

堂々と「奈良」の名を冠にしているにもかかわらず、なぜＪＲ奈良線は奈良県内を走ってはいないのか。その背景には、明治時代に繰り返された鉄道会社合併の歴史がある。

当初奈良鉄道という会社であったＪＲ奈良線は、明治二六年（一八九三）、まず京都駅

※ JR奈良線の誕生

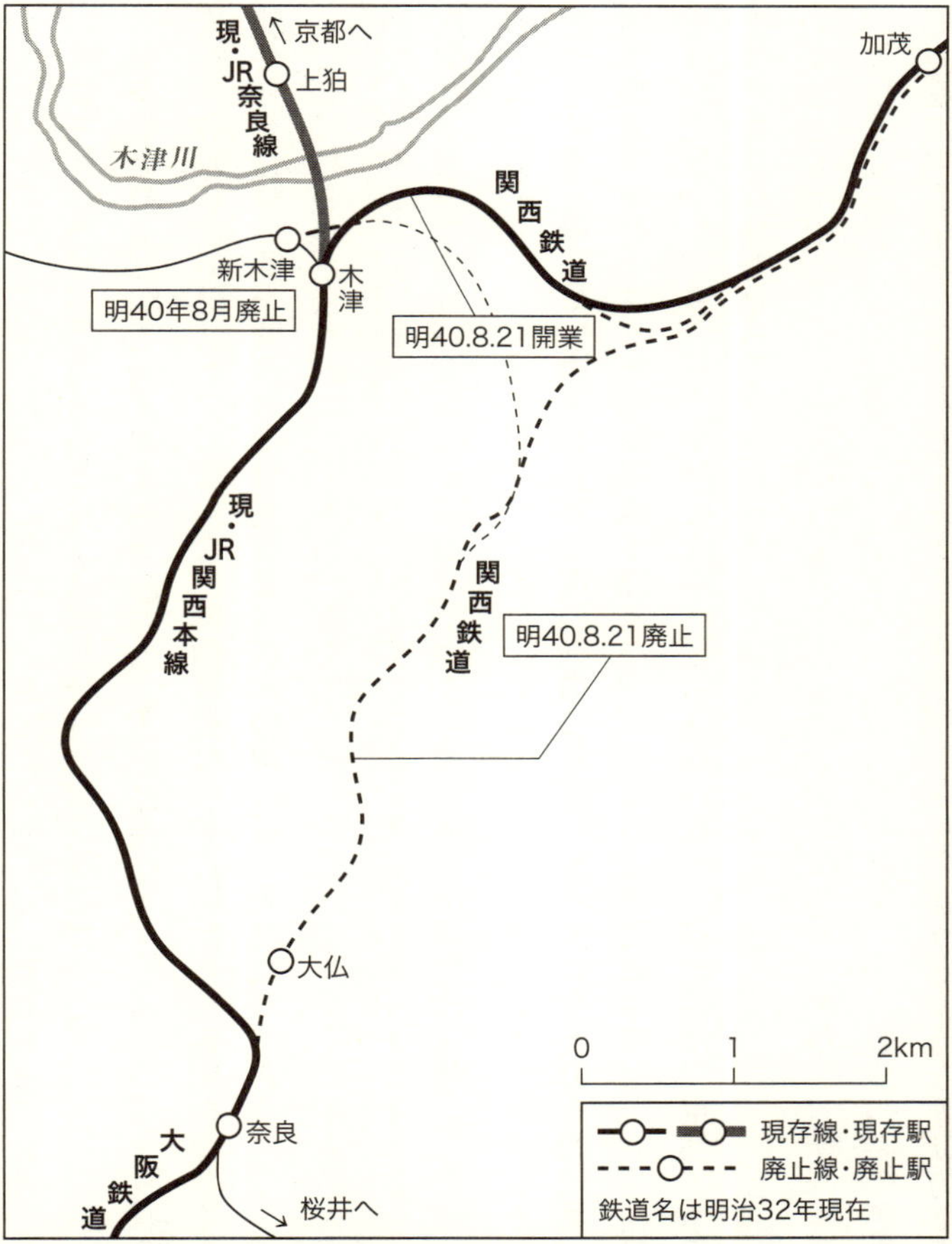

JR奈良線の前身である奈良鉄道は、当初桜井駅まで到達していたが、明治38年(1905)に関西鉄道へ組み込まれる。そして、名古屋・木津間の路線が建設され、木津を経て奈良へ至り、大阪へとつながる路線が関西鉄道の本線となった。結果、旧奈良鉄道は京都〜木津までとなり、国有化後もこの路線が「奈良線」として継承されたため、奈良に乗り入れないJR奈良線が誕生したのである。

から伏見《ふしみ》駅の間を開業。明治三〇年（一八九七）四月には、奈良駅まで延伸した。敷設された当初、その名のとおり京都と奈良を結ぶ鉄道だった。

しかしその後、明治三八年（一九〇五）、奈良鉄道はすでに大阪鉄道を吸収合併していた関西鉄道に組み込まれてしまった。関西鉄道は、名古屋から奈良間をつなぐため、木津駅から奈良駅の間を関西鉄道の名古屋〜奈良路線に組み入れたのである。

なぜ、わざわざ奈良線のルートの一部を名古屋〜奈良間のルートに組み込んだのかというと、それまで関西鉄道が利用していた奈良線より東寄りのルートだと、加茂《かも》・大仏《だいぶつ》・奈良駅と、途中で険しい大仏峠を経由せねばならず、運行が非常に困難だった。そこで関西鉄道は奈良鉄道を手に入れると、それまでの加茂〜奈良間を廃止し、木津駅へ乗り入れる路線を開通。そして木津〜奈良間を関西鉄道の本線に組み入れたというわけだ。のちに、関西鉄道は国有化されて国鉄関西本線となり、現在のJR関西本線となる。結果、関西本線は名古屋から奈良・王寺を経て大阪へ至る路線となり、奈良線は、京都〜木津間のみとなってしまったのである。

なんともややこしい奈良線ではあるが、歴史的にみると、京都から奈良までの路線を「奈良線」と呼ぶのは間違いとはいえず、〝敷設当時の路線〟を〝敷設当時の名称〟で呼んでいるにすぎない。むしろどちらかというと、こちらのほうが素直な呼び方かもしれない。

奈良のお土産・柿の葉寿司が生まれた地理的背景とは？

吉野郡や五條《ごじょう》市で有名なお土産といえば「柿の葉寿司」である。三枚におろした塩サバを酢に浸してから薄く切り、ひと口大のすし飯のうえにのせて柿の葉で包む。それを一晩押したものである。柿の葉の香りが寿司に浸み込むことで、サバの生臭さが抜けてとてもおいしく、また独特の柿の葉の香りが食欲をそそる。実際、この柿の葉寿司は、もともと夏祭りの御馳走としてつくられていたもので、夏バテをして食欲がないときでもこれなら食べられるとして重宝された。

冷蔵庫がなかった昔、暑い夏の盛りに火を通していないサバをひと晩寝かせても腐らないのかと心配になるが、酢と柿の葉に含まれているタンニンが防腐剤の役割を果たしており、保存の面からも理にかなった食べ物である。

なぜサバと柿の葉が使われたのか

柿の葉寿司は、味の点でも保存食としても非常に優れた食べ物だが、どのようにして誕生したのだろうか。五條市にある柿博物館の方に尋ねてみると次のように説明してくれた。まず柿の葉寿司のネタとしてサバが用いられたきっかけは、海のない奈良の人々にとって、魚といえばサバだったからである。

じつは、江戸時代の中頃、紀州藩《きしゅうはん》（和歌山県）の漁師は重税にあえいでいた。そこで、なんとかお金を稼ごうと考えたのが、距離的に紀州から近く、裕福な人々が多く住んでいた吉野地方に、塩漬けにしたサバを売りにいくというものだった。この地方の人にとって魚は貴重で、たいへんなごちそうであるから、高く売れたのである。

このサバ寿司を包む素材として、柿の葉が使われるようになった経緯は定かではない。しかし、この地方は温暖で柿の栽培に適していたので、どの家にも柿の木が植えられていた。防腐効果を持ち、すぐに手に入る身近なものが柿の葉だったとみられる。

また、柿の葉寿司が、現在のようにバッテラに似た押し寿司の形態になったのは、江戸時代に食酢ができてからのこと。それまでは、食酢がなかったために、鮒《ふな》寿司のように、塩サバをごはんに漬け込み、乳酸発酵させる「ナレ寿司」だった。

もともとは各家庭でつくる夏祭りのごちそうだったが、江戸時代になると、大峰山《おおみねさん》に参拝にやってくる客や街道を行き交う旅人に茶屋などで販売するようになった。そこから評判となり、奈良の柿の葉寿司が広く知られるようになった。

当時、柿の葉寿司を扱っていた店のなかには、大きな食品メーカーへと発展したところがいくつもある。

現在も吉野地方は柿の名産地である。もともと柿の栽培に適した気候だったが、大々的な柿農園が誕生したのは、昭和になってからのこと。もともと吉野はみかんの産地だったが、大正時代の大寒波でみかんが不作になってしまった。みかんに比べると柿は、寒さに比較的強いということで、開発されたばかりの富有柿《ふゆうがき》と平核無柿《ひらたねなしがき》（渋柿）の2種を栽培することにした。

奈良県名物の柿の葉寿司。柿を名産とする奈良県南部で誕生した。

さらに昭和四九年（一九七四）、国の近畿農政局の主導により、吉野地区に柿農園の大規模な造成が行なわれたことにより、ますます柿栽培が盛んになったというわけだ。

奈良県がピアノの所有率全国トップクラスである地理的な理由とは？

よく「県民性」という言葉を聞くが、一般に奈良県人の県民性というと、おっとりとしているといわれる。それは、気候温暖な土地で自然災害も比較的少なく、観光地としても人気が高く、あくせくしなくても十分に生活していける環境だからだといわれる。

その真偽はともかく、データでみると、奈良県は長い間、ピアノ所有率一位を守り続けてきた。ピアノを所有するには、自宅にそれなりのスペースが必要だし、ピアノをたしなむには、それなりに生活にゆとりがなくては難しい。

なぜ、奈良では、これほどピアノが好まれるのか？

一説には、奈良が大阪と京都に近いからではないかといわれている。昔から「奈良の建て倒れ」といわれるほど、奈良県民は、大都市の大阪や京都に対抗するように、住宅や、家具や家電などの耐久消費財にお金をかけ、見栄を張る傾向があった。そこに、近年の交通機関の発達で、大阪や京都からホワイトカラー層が流入し、彼らが子供の教育用にピアノを次々に購入したため、ますます見栄の張り合いが激化し、ピアノの所有台数が増えて

✳県別ピアノ所有台数トップ10（2009年10月末現在）

1位	群馬県	354
2位	奈良県	353
3位	栃木県	346
4位	岡山県	336
5位	三重県	327
5位	長野県	327
7位	山梨県	325
8位	滋賀県	323
8位	香川県	323
10位	福井県	312

（千世帯当たりの台数）

平成21年（2009）の調査では群馬県に1位を明け渡したものの、奈良県は依然として高い所有率を誇っている。

しまったのではないかという。

奈良県民が所有率トップを誇るものは、ピアノだけではない。じつは、パソコン、カメラ、ビデオカメラ、空気清浄機、書斎用・学習用机の普及（所有）率も日本一（二人以上世帯の一〇〇〇世帯当たり）なのである。

とはいえ、奈良県民の家計実収入額（勤労者世帯・総務省平成二四年家計調査報告速報」より）は、ランキングは平均より上の二一位だが、額としては全国平均をわずかに下回っている。けっして、断トツに収入がよいわけではない。にもかかわらず、このように数々の家電や家具の所有率が高いのは、やはり「見栄をはる」県民気質があるのだろうか。

戦国時代の村を守った防御施設の水堀が農業用水になっている!?

昔から、水は人々の生活にとって欠かせないものだった。地域の繁栄のためには、水の確保が非常に重要になる。奈良の平野部には、稗田《ひえだ》や竹之内《たけのうち》、南郷《なんごう》など集落の周囲に水堀をめぐらした環濠《かんごう》集落の跡が多く残っている。現存する水堀は、農業用水の供給や遊水地としての役割を果たしている。長い間、治水に悩まされてきた農民も多いだけに、この地に住む人々の生活にとって、水堀はなくてはならない存在といえるだろう。

だが、こうした水堀の多くは、実はもともとは別の目的で造られたものだった。なんと集落を防御するために造られた濠だったのだ。庶民が暮らす一集落に、なぜこれほどの防御が必要だったのだろうか？

防御のために水堀が造られた背景には、応仁《おうにん》の乱の勃発がある。応仁元年（一四六七）、畠山《はたけやま》家の対立に端を発した争いは、時の実力者・細川勝元《ほそかわかつもと》と山名宗全《やまなそうぜん》を巻き込んで激しさを増し、ついには足利将軍家の後継争いと結びついて応仁の乱へと突入した。最初の戦火は京都で起こったが、あっという間に大和にも広がり、寺院同士や国人《こくじん》同士にまで争い

奈良盆地に点在する環濠集落のひとつ竹之内環濠集落。

が起こった。大和では筒井《つつい》・越智《おち》・十市《とおち》・箸尾《はしお》・古市《ふるいち》の五大勢力が争いの中心となり、大和の平野部を主戦場として争った。

そうなるともはや大和の集落も合戦と無縁ではいられない。各集落は自らを守る必要性に迫られ、防御施設の建設に乗り出すことになった。そのひとつが水堀である。

水堀は、戦乱に対応する村落の防御施設として鎌倉時代末期、もしくは南北朝期頃に生まれていたが、その防御力と利点に目をつけた多くの集落が活用したのだ。

環濠集落のなかには、領主に積極的に協力し、支城《しじょう》と支城の連携を補う「つなぎの城」としての役目を果たしたものもあったという。また、やがて城郭へと変貌し、領主を支える拠点になった集落も多い。

現在の奈良は旧都というより、門前町だった！

奈良観光の定番といえば、何といっても東大寺や興福寺《こうふくじ》などの古刹や、それに春日大社《かすがたいしゃ》などの境内で鹿が遊ぶ奈良公園だ。周囲二キロほどの範囲には県庁や裁判所などの官公庁、奈良町や東向通りといった繁華街、そしてＪＲと近鉄の奈良駅があり、まさに古都奈良の中心地である。だが、そうした現在の奈良市の中心街は、実はかつての平城京では中心地ではなく、「外京《げきょう》」と呼ばれる郊外にあたる地域だった。

では、当時の中心地はどこだったのか？

それは現在、西大寺《さいだいじ》や薬師寺《やくしじ》などがある一帯だ。かつてこの場所には、現在の平城宮跡にあった壮大な宮殿を中心に、大寺院や貴族の邸宅群が軒を連ねていた。ところが、今や平城宮の跡地は原っぱとなり、往時を偲ばせるものはあまりない。

こうして平城京の中心地が寂れたのは、遷都がきっかけだった。都はその後、長岡京《ながおかきょう》を経て、京都の平安京へと遷っていった。その際に、平城京の宮殿や主な建物は解体されて新しい土地に運ばれた。その跡地は、長い年月の間に水田や畑に姿を変えていったのだ。

しかし、平城京の諸寺の移転は行なわれなかったため、奈良は仏教教学の中心地として栄え、平安京の北京に対して南京・南都と呼ばれるようになった。

一方、外京は今も市街地として栄えている。いったいなぜだろうか。

外京には、東大寺や興福寺、春日大社をはじめ多くの寺社が残った。これらの寺社の一部は、藤原氏《ふじわらし》の氏寺《うじでら》・氏神社《うじがみしゃ》として庇護を受けて勢力を保ち続けた。そして、それらの寺社の繁栄とともに門前に郷が形成された。いわばこの一帯は、門前町ともいえる地域だったのだ。門前町では商業・産業が発展する。外京でも、鎌倉時代には大寺院の庇護のもと、北市・南市、室町時代には中市が開かれ商業が発展した。手工業なども発達し、郷の人々の経済力が向上した。さらに、室町時代後半に下剋上《げこくじょう》の風潮が起きると、郷の人々は次第に寺社の支配を離れて自治意識を持つようになり、郷の相互交流も深まり、やがて郷は町へと発展していった。

その後、安土桃山時代には、豊臣秀長《とよとみひでなが》の統制により町の発展はやや停滞したものの、江戸時代に奈良奉行《ぶぎょう》が置かれると、奈良晒《ならざらし》や酒などの特産品を武器に再び大きな経済発展を遂げた。そのため、現在は外京が中心街で、かつて中心地だった西ノ京《にしのきょう》が郊外となり、一三〇〇年前とは立場が逆転してしまったのだ。古代旧都の地としてのイメージが強い奈良であるが、じつは町の基礎は奈良時代以降の門前町にあるのだ。

名物三輪そうめんを生み出した、地の利と気候

そばやうどんと並んで、日本を代表する麺類として有名な「そうめん」。だが、実はそのルーツは中国にある。八世紀頃、遣唐使《けんとうし》がもたらした「索餅《さくべい》」という唐菓子《からかし》が伝来した。練った小麦粉を紐《ひも》状にしたもので、当初日本では「むぎなわ」と呼んだ。これがそうめんのルーツだといわれる。

すでに平安時代には、現在のそうめんに近いものがあったと考えられている。

そうめんのなかでも、とくに知られているのが「三輪そうめん」だ。良い水と、グルテンの多い良質の小麦が獲れること、そして底冷えのする奈良盆地の風土がこれを育ててきた。細くて白く、コシのあるのが特徴で、昔のままの極寒作り、手延べ製法が守られている。

とはいうものの、その産地は意外に知られていないようだ。三輪そうめんの産地は、奈良県桜井市三輪。しかもこの地は、そうめんの発祥地といわれ、今でもこの地域ではたくさんのそうめんが製造されている。絹糸のようなそうめんが、屋外で干される風景は奈良

の風物詩となっている。

三輪の地でそうめんが誕生した背景のひとつは、巻向川《まきむくがわ》と初瀬川《はつせがわ》というふたつの川の流れにある。昔から、この地では粘性に富む小麦の生産が盛んだった。伝説によれば、大神《おおみわ》神社の祭神である大物主神《おおものぬしのかみ》がこの地に小麦の種をまいたことをきっかけに、小麦の生産が始まったとされる。とくに巻向川と初瀬川流域は、川の流れが急なことから水車製粉が発達した。この小麦を石で砕いてこして、塩と植物油で練り上げ、軒下につるして保存食としたのが、三輪そうめんの始まりとされている。

また、三輪の冬の寒さも良質の麺の製造に最適だった。気温が低いと、塩分が少ないそうめんが製造できるので、コシが強く質がよくなる。さらに、この地は冬に晴天が多いため、屋外でそうめんを乾燥しやすいというメリットもある。

そうめんの製造は、一二月から三月までの冬の農閑期に行なわれる。三輪の人々は、この時期に、家族全員の労働力を投入してそうめん造りに取り組んだ。つまり、農家の副業として最適だったため、なおさらそうめん製造が盛んになったわけだ。

こうして三輪そうめんは、江戸時代には三輪がお伊勢参りの宿場町として栄えたことを契機に、名物として全国的に知られるようになり、平成一九年（二〇〇七）には、柿の葉寿司とともに「農山漁村の郷土料理百選」（農林水産省）に選ばれた。

世界遺産・春日山原始林が「貴重」とされる理由とは？

最近では、富士山が指定されたことで話題になった世界遺産だが、それ以外にも日本には、いくつもの世界遺産がある。「古都奈良の文化財」もそのひとつだ。平成一〇年（一九九八）一二月、京都で開かれた第二二回世界遺産委員会で世界遺産リストへの登録が決定した。世界遺産には自然遺産と文化遺産があるが、文化的に貴重な財産だということが文化遺産の一要素として指定されている。

「古都奈良の文化財」というと、思い浮かぶのは何といっても寺社だろう。確かに、そのなかには、東大寺、興福寺、春日大社、元興寺《がんこうじ》、薬師寺、唐招提寺《とうしょうだいじ》が含まれる。また、平城宮跡も文化財のひとつだ。そして、もうひとつ、意外に知られていない文化遺産がある。それが「春日山原始林」だ。なぜ原始林が文化遺産なのだろうか。

一二〇〇年以上も人手が加えられていない原生林

春日大社の東側に春日山がある。その最高峰は四九八メートルの花山だ。そして、その

春日山原始林は、承和8年（841）に春日大社の神域として伐木・狩猟が禁止されて以来、1100年以上人の手が加えられず、日本人の自然観と信仰が一体となった貴重な文化遺産である。

西隣には笠を伏せたような形の御蓋山《みかさやま》がある。春日山原始林は、このふたつの峯のあたりに、およそ一〇〇ヘクタールの面積で広がっている。

一一〇〇年以上も人手が加えられていない原生林で、アカガシ、スギ、コジイ、イチイガシ、ヤマザクラ、モミなどの樹木や草花など約一〇〇〇種もの植物が生育。また、アカゲラ、サンコウチョウなど六〇種類の鳥類、一〇種類の動物、一一八〇種類の昆虫の生息も確認されている。

明治になると、春日山原始林は官有林になったが、明治二二年（一八八九）に奈良公園の一部となり、大正一三年（一九二四）に国の天然記念物に指定された。

春日山原始林は、承和《じょうわ》八年（八四一）に

狩猟と伐採が禁止された。御蓋山は古くから神山とされてきたが、これによって春日山一帯が春日大社の聖域となり、それ以来、まったく人の手が入ることなく保護されてきた。

中世、木が何百本、何千本という単位でいっせいに枯れることが何度かあったといわれ、そのたびに、人々は「神の祟りだ！」と恐れたと伝えられている。これも、聖域としての春日山原始林の性格を表すエピソードといえる。春日山原始林は、自然に対する原始的な信仰と、日本人の自然に対する伝統的な自然観が一体となった貴重な文化遺産といえよう。

一方で、この原始林は、原生的な状態を維持している照葉樹林としても貴重な存在だ。シイやカシなど常緑の照葉樹林が主体で、「極相林《きょくそうりん》」と呼ばれ、本来、春日山原始林が位置する北緯三五度付近において、標高六〇〇～七〇〇メートルあたりまでに構成されるものであった。こうした照葉樹林は、かつてアジアから地中海地域の広範囲に分布していたが、同緯度付近では都市化・耕地化が進み、現在は地中海地域で、わずかに大西洋に浮かぶカナリア諸島などに分布するのみとなってしまった。同様に、アジアでもまとまった分布は極めて希少とされる。

春日山原始林は、本州のなかで照葉樹林を豊富に残す貴重な存在であるとともに、春日大社や東大寺、興福寺など、歴史的な文化遺産との関係も深く、人間の居住空間に近接したこれらの地域で、古くから神格化された鹿とともに共存を果たしてきたのである。

リニア中央新幹線中間駅の誘致合戦に、京都が横やり

リニアモーターカーは、車両に搭載した超電導磁石と地上に取り付けられたコイルの間の磁力によって、車両を浮上させ、超高速で走行する鉄道である。長い間実験が続けられ、平成一五年（二〇〇三）には、有人走行での陸上交通機関の世界最高速度記録となる五八一キロを達成した。

そして、いよいよ本格的な実用化に向けた計画が動き出した。東京・大阪間を一時間超で結ぶ中央新幹線の構想だ。

現在のところ決まっているのは、東京・名古屋間のルート。ＪＲ東海が平成二五年（二〇一三）九月一八日に、走行ルートと停車駅を発表した。ターミナル駅は東京都港区の品川駅地下と名古屋市中村区の名古屋駅地下に設置。中間駅は神奈川県相模原市、山梨県甲府市、長野県飯田市、岐阜県中津川市に造られる予定だ。

開業は二〇二七年の予定で、品川・名古屋間が現在の新幹線の半分以下の約四〇分程度で結ばれる。

リニア中央新幹線が大阪まで全線開通するのは、二〇四五年の予定。では、名古屋以西のルートや中間駅はどうなっているのだろう。

リニア中央新幹線の整備計画は、平成二三年（二〇一一）五月二六日に発表された。そこには、「奈良市付近」を通ると明記されている。だから奈良の人々は当然、地元を通ると思っている。

昭和四八年（一九七三）に国が制定した「全国新幹線鉄道整備法」に、中間駅は「奈良市付近」と告示されている。ＪＲ東海も「奈良市付近を通る法律上のルートを進める」と表明しているのだ。

何しろ空港も新幹線の駅もないのは、全国で奈良、三重、山梨の三県のみだ。リニア中央新幹線の誘致は、県にとって悲願なのだ。

奈良県における中間駅は、現在のところ、奈良、大和郡山《やまとこおりやま》、生駒の三つの市が誘致に名乗りを上げている。

「経済効果が高い」と京都が名乗り

ところが、奈良にとっては全く寝耳に水の横やりが入った。

京都からだ。京都の政財界から「京都を通ったほうが経済効果が高い」という声が上が

⁂ リニア中央新幹線の敷設計画

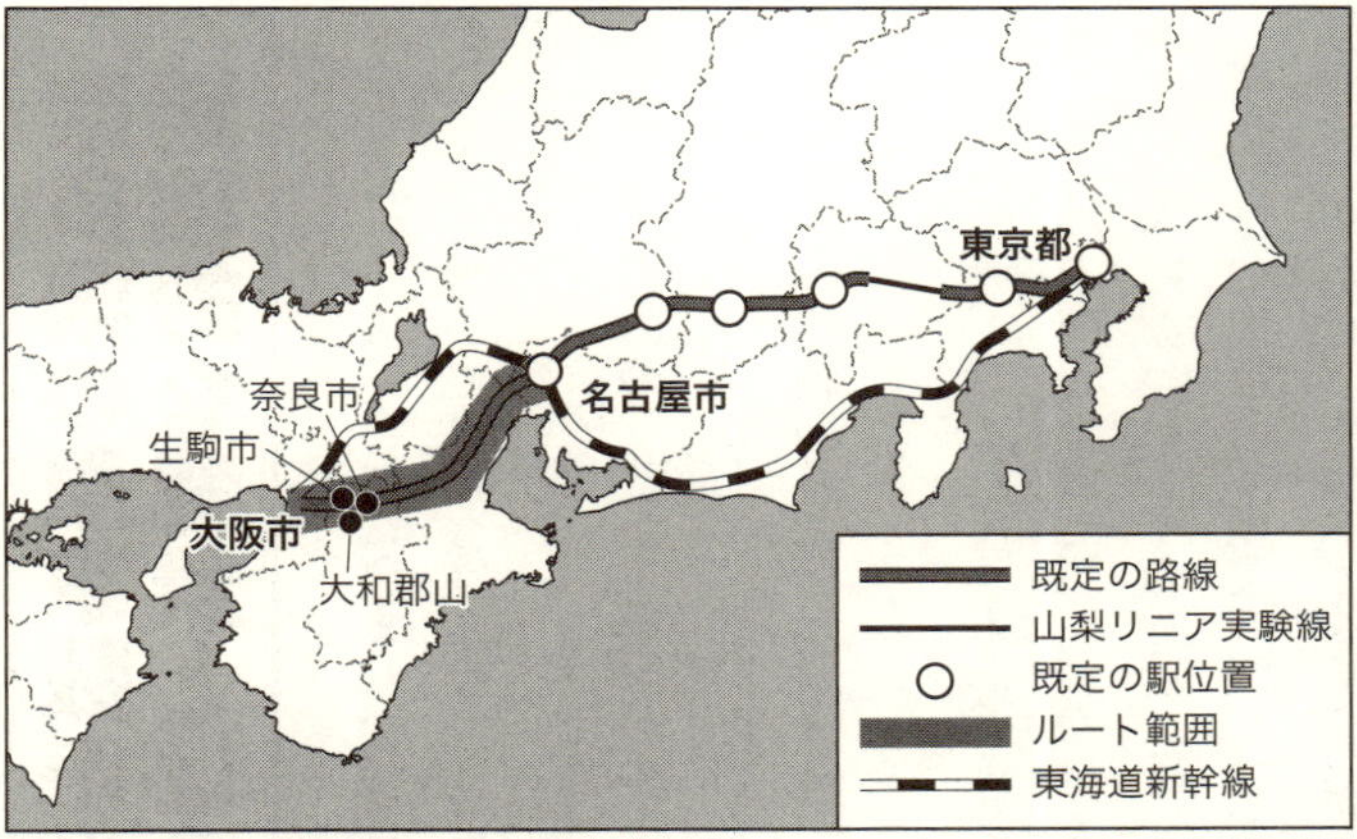

東京・大阪間を1時間超で結ぶ中央新幹線「リニアモーターカー」は、2011年の整備計画で中間駅を「奈良市付近」に置くとされ、県内で4市が中間駅に名乗りを上げている。

り「京都ルートにすべきだ」と主張し始めたのである。その背景には、建設費用負担の問題がある。ＪＲ東海は当初、駅の設置にかかる費用について地元負担を主張していた。

しかし、最近になってＪＲ負担へと方針を転換した。京都が誘致を主張し始めたのはその後だったため、奈良側は「虫がよすぎる」と猛反発している。

奈良には、中国や韓国との長い交流の伝統に裏打ちされた歴史・文化遺産が豊富にある。

リニア中央新幹線は新しい国土軸として、リダンダンシー（多重性）機能を備えている。人々の交流を飛躍的に拡大し、観光・文化の振興に貢献することだろう。

奈良県の農家数が少ない地理的な背景とは？

奈良といえば、自然に恵まれた緑豊かな土地というイメージがある。それだけに、田畑がたくさんあって農業も盛んなように思えるのだが、実際は意外にも農家の数は全国四〇位（平成二〇年）と少なく、農地面積も四四位（平成二三年）と狭い。

とはいうものの、昔から農家が少なかったわけではない。かつては温暖で恵まれた気候や高い生産力を活かして、農業が盛んな地域だった。近世には、米をはじめ、綿、菜種《なたね》、たばこなどの作物が盛んに栽培され、「田畑輪換《りんかん》」という水田畑作の営農形態が確立されていた。

それだけ盛んだった農業を取り巻く状況が大きく変化したのは、昭和三〇年（一九五五）から四七年（一九七三）にかけての高度経済成長期以降だ。その頃から農家の数が激減するようになった。その背景には、奈良の地理的な状況がある。

奈良県は、大都市で産業も盛んな大阪や京都の近郊に位置する。そのため大阪や京都に通勤するためのアクセスがよいことから、ベッドタウンとして注目されるようになった。

そして、大規模な宅地開発が進み、田畑だったところにマンションや一戸建ての住宅がたくさん建つようになった。

こうして宅地化が進めば、地価も高騰する。それによって農業を続けるのはますます困難になり、耕地面積が激減したのだ。

また、交通網の発展で労働市場が拡大したことも、そうした流れに拍車をかけた。今まで地元で農業に従事していた人たちが、大阪や京都に働きに出るようになった。専業農家が減って、兼業農家が増えたのはそうした傾向による。先祖代々の農家の子供が、あとを継がずに働きに出るようになったのだ。

ただし、もともと奈良県には大きなハンデがあった。奈良県は山林が多く、可住地面積が全国一狭い。おかげで林業が盛んだが、農業が発達しにくいという事情があった。高度な栽培技術を駆使するなどして、それをどうにか克服してきたわけだが、今はかつての面影はない。

そうしたなかでも、全国二位の生産量を誇る柿、全国七位の荒茶をはじめ、イチゴ、トマトなどの作物は盛んに栽培されている。全国一位の生産量の二輪ギク、全国二位の小ギクなども有名だ（以上すべて平成二三年）。昔ほどではないが、米も作られている。はたして、これからの奈良県の農業はどうなっていくのだろうか。

町でお札を発行するほど発展した商業都市・今井はなぜできた？

奈良盆地のほぼ中央に位置する橿原市。近鉄橿原線八木《やぎ》西口駅から西に出て、南西にしばらく行ったところに江戸時代の町屋が立ち並ぶ今井町《いまいちょう》がある。ここは国の伝統的建造物群保存地区にも指定されている。この町にある約七六〇戸のうち、約五五〇戸が江戸時代の伝統的な形式の町屋で、高木家、河合家、旧米谷家、音村家、上田家、中橋家、豊田家、今西家の八軒は国の重要文化財に指定されている。

それにしても、古代からの幹線道路である横大路《よこおおじ》・下ツ道《しもつみち》から外れた静かなこの場所に、なぜこれほどの町が発展したのだろうか。

今井町は、戦国時代末期の天文《てんぶん》年間（一五三二～五五）に石山本願寺《いしやまほんがんじ》の家衆今井兵部《いまいひょうぶ》が、一向宗《いっこうしゅう》の布教を進めるために建立した、称念寺《しょうねんじ》の前身である道場を中心に形成された寺内《じない》町《まち》だ。

当時の一向宗は全国各地で大名や他宗派と対立し、抗争を繰り広げていた。今井町はそうした対立勢力や盗賊からの攻撃を避けるために、周囲に濠をめぐらせ、見通しのきかな

重要伝統的建造物群保存地区にも指定される今井町の街並み。その繁栄の様子は、「今井しんど屋は大金もちや 金の虫干し玄関までも」「大和の金は今井に七分」などといわれた。

い筋違い道を設けるなど、実戦的に造り上げられた。これに本願寺の庇護下であることも手伝って、今井町には大坂・奈良の戦乱から逃れてきた商人や武士が続々と流入。たちまち商業都市として発展していった。

元亀《げんき》から天正《てんしょう》年間（一五七〇〜九二）には、本願寺が織田信長《おだのぶなが》に対して挙兵すると、今井町も今井兵部を中心に兵を挙げたが、明智光秀に降伏している。

江戸時代になると、今井町はますます発展した。肥料、木綿、味噌、酒などの取引が盛んで、藩札《はんさつ》と同じ価値のある「今井《いまい》札《ふだ》」という紙幣も発行するなど、大変な繁栄を見せた。また、今井町には自治的な特権も与えられていた。こうした歴史の名残が、今井町の各所に残っている。

「西和市」として誕生するはずだった幻の市とは!?

少し前に「平成の大合併」と呼ばれる動きが起きた。これは、平成一一年（一九九九）から政府主導で行なわれた市町村合併だ。自治体を広域化することで行財政基盤を強化し、地方分権を推進しようという目的で行なわれた。

平成二二年（二〇一〇）三月末に、市町村合併特例新法が期限切れとなったため、平成の大合併は終了したが、その間にたくさんの市町村が合併した。そして、奈良県にもその動きに巻き込まれた地域がある。

奈良県生駒郡斑鳩町《いかるがちょう》は、世界最古の木造建築として知られる法隆寺があるなど、古い歴史を持つ町として知られている。この町は明治の町村制で、法隆寺村、龍田町、富郷村に分かれていた。それが昭和二二年（一九四七）に合併することになった。

だが、その際に大きな問題になったのが町名だ。新町名を何にするかで紛糾した末に、当時の法隆寺の管長の「『日本書紀』にも出てくる斑鳩にしてはどうか」という鶴のひと声によって、ようやく「斑鳩町」に決定したのだ。

⁂ 幻の西和市

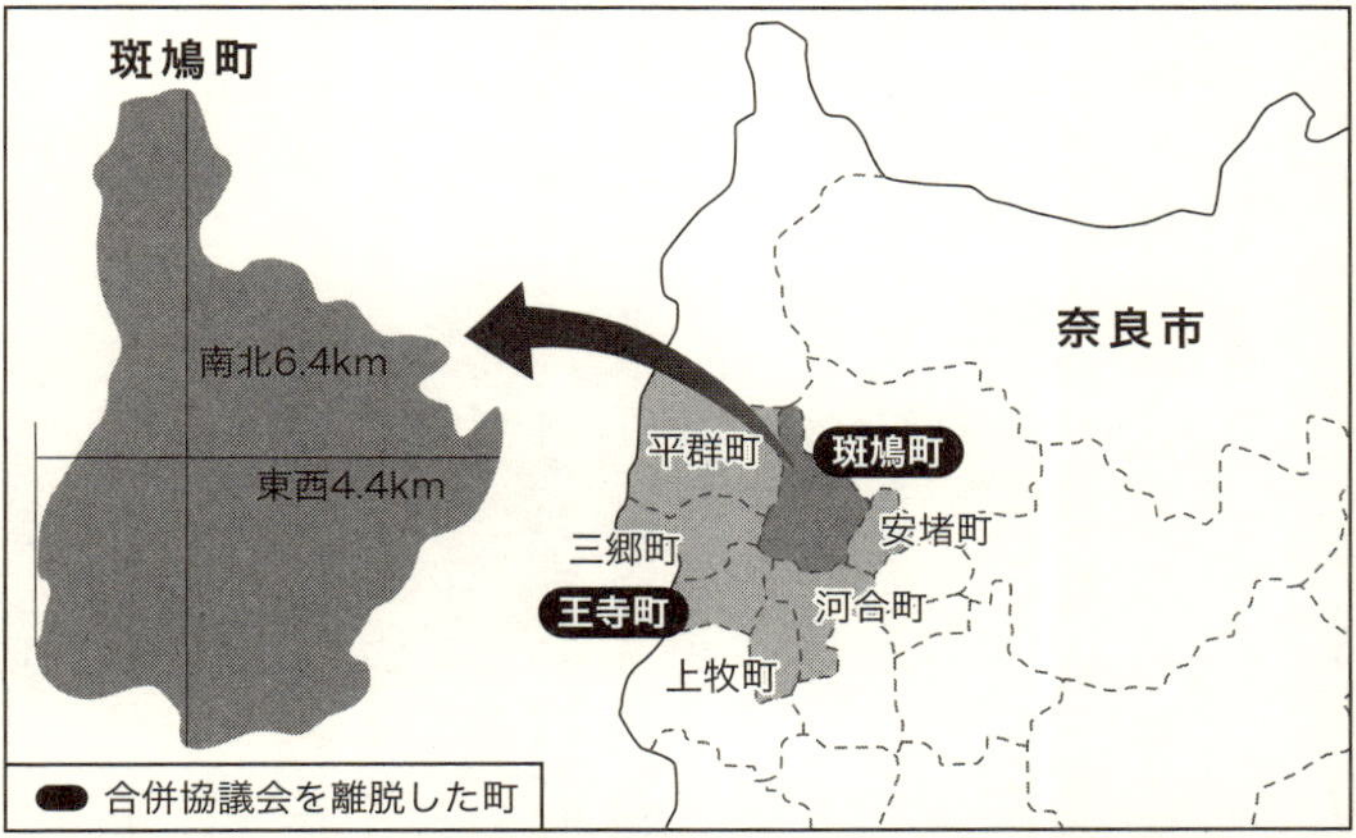

平成の大合併の折、斑鳩町、王子町など7町村が合併に向けて協議を進め、「西和市」の新市名まで決定していたが、住民投票が3町で行なわれた結果、斑鳩町と王子町で反対多数となり、合併自体が白紙となってしまった。

西和七ケ町による合併構想が浮上

その斑鳩町は、やがて再び新名称をめぐる騒動の渦中に巻き込まれることになった。平成の大合併の際に、斑鳩町、王寺町《おうじちょう》、安《あん》堵町《どちょう》、三郷町《さんごうちょう》、平群町《へぐりちょう》、上牧町《かんまきちょう》、河合町《かわいちょう》の七町で合併の話が持ち上がり、合併に向けた協議会が設置された。

この七町村は、以前から広域市町村圏協議会を組んで様々な協力を行ない、「西和七ケ町」と呼ばれていたことから、合併はスムーズに進むかと思われた。

だが、そこで問題が起きた。

協議会では新市名が公募され、結果、二三〇ほど集まった候補のうち、一位だった

「法隆寺市《ほうりゅうじし》」と三位だった「西和市《せいわし》」に最終候補が絞られた。とはいえ、法隆寺があるのは斑鳩町で、「法隆寺市」という名称は他の町にとって関係がない。そこで、協議会は「法隆寺市」を却下。新市名を「西和市」と決定した。

こうして新市名が決定したところで、予想外のことが起こる。新市名に反対するだけでなく、合併自体を白紙に戻そうという動きが起きたのだ。合併に反対したり、疑問を持つ人々は住民投票を行なうことを提案した。そして、その提案通りに斑鳩町、王寺町、平群町の三町では、合併の是非を問う住民投票が実施された。

その結果、斑鳩町と王寺町では反対票が多数となってしまった。合併の目的のひとつは財務状況を良くすることだが、このふたつの町はもともと財務状況が良好だったことが、合併反対の動きを後押ししたようだ。さらに斑鳩町の人々にとっては、歴史のある「斑鳩」という名前に対する愛着が強く、それを捨ててしまうことに対して抵抗が大きかったのだと考えられている。

斑鳩町と王寺町は合併協議会を離脱。残った町だけで合併する道もあったが、そこでもやはり反対意見が根強くあり、結局は合併自体が白紙に戻ってしまったのだ。

こうして「西和市」は幻の市となってしまった。もし、合併が実現して西和市が誕生していたら、どうなっていたのだろうか。

奈良県に一年のほとんどが雨の土地がある？

雨の降り方は、時期によって大きく変わる。たとえば、梅雨の時期には全国的に雨が多い。また、地域的にも雨の多い地域と少ない地域がある。

そうしたなか、奈良県に一年の半分以上の日に雨マークがつくという、世界的に見ても雨の多い地域があるというから驚く。奈良県と三重県の県境に位置する台高山脈の南端に、「大台《おおだい》ケ《が》原《はら》」という標高一五〇〇～一七〇〇メートルの高原状の平坦地が広がる。東西約四キロ、南北約二～三キロに渡り、険しい地形と多雨・濃霧であることから「魔境の山」と呼ばれ、近代まで人を遠ざけていた。

ようやく幕末から明治にかけて、探検家の松浦武《まつうらたけ》四郎《しろう》により紹介され、明治時代中期には宗教家の古川嵩《ふるかわたかし》が、神道の一派の分教会として大台教会を設けるなどしたことで、人々に知られる存在となったのだ。

それにしても大台ケ原では、どれぐらいの雨が降るのだろうか。

その量は、日本一どころか世界でも有数とされる。大台ヶ原ビジターセンターでは毎年開山している四月下旬から十一月下旬までの七カ月間記録を取っているが、平成二三年（二〇一一）には一〇五日間で雨が記録された。これはほぼ二日に一日のペースである。年間降水量は奈良盆地の三倍以上で、過去の年間最大降水量は大正九年（一九二〇）に記録された八二一四ミリとなっている。

ではなぜ、これほどの多雨地帯なのか？

その秘密は、大台ケ原の地形的な条件にある。

超多雨地域が生まれる紀伊半島のカラクリ

紀伊半島南端の和歌山県の潮岬《しおのみさき》から、三重県大王崎《だいおうざき》にかけて熊野灘《くまのなだ》がある。沿岸はリアス式海岸が目立ち岩礁や暗礁が多いが、同時に天然の良港も多い海域だ。

実は大台ケ原はこの熊野灘まで、わずかに二〇キロしか離れていない。天気の良い日には海岸を見下ろすこともできる。そのため、海の湿気を含んだ風が急斜面に吹き付け、急速に冷やされて激しい上昇気流となり、上空に雲を作る。その雲が大量の雨を降らせるのだ。

大台ケ原の雨は台風の時期に最も激しくなる。それは台風がもたらす高温多湿な南東の風と、大峰山脈を越えてきた西風とが、台高山脈で衝突して激しい上昇気流となり、大雨を降らせるためだ。これは台風の中心がはるか南にあっても同じ状況を作り出すため、長

奈良県と三重県の県境に位置する台高山脈の南端に位置する大台ケ原は、海の湿気を含んだ風が急斜面に吹き付け、激しい上昇気流となって上空に雲を作り、その雲が大量の雨を降らせるため、1年の半分以上で雨が降る。

期にわたって雨の日が続く。

こう聞くと、何だかあまり立ち入りたくない場所のようにも思えるが、けっしてそんなことはない。

こうした多雨によって、長い年月の間に地形の浸食が進んだが、硬い岩石が残されて、標高の高い所に台地が造られたのだし、多雨の恩恵ともいえる美しい森や豊富な植物などの自然の景観は魅力的で、訪れる人の心を捕えて離さない。

日の出前に雲が低い場所にたちこめる姿も美しく、カメラを手にした登山客がたくさん訪れる。また条件さえ整えば、なんと、遠く富士山を眺めることもできる。とくに台風が過ぎ去ったあとが絶好のチャンスだといわれる。

戦国時代の奈良には日本初の天守閣が建っていた！

江戸時代まで、日本各地にはたくさんの城が建てられた。そのうちのいくつかは現在も残り、観光名所として親しまれている。

奈良市の現在の若草中学校がある丘には、かつて城があった。戦国時代の一六世紀に、標高一一五メートルの佐保山に建てられた多聞山城《たもんやまじょう》だ。城の周囲には多聞櫓《やぐら》と呼ばれる長屋状の櫓を配するなど、近世城郭の先駆けとなった城で、とくに日本で初めて天守閣《てんしゅかく》が造られたことで知られている。また、西の丘陵続きには光明皇后陵《こうみょうこうごうりょう》と聖武天皇陵があったことから、光明陵の一部を城地に取り込み、聖武陵を出丸《でまる》にしていたとされる。

初の天守とされるのは城の一角に設けられた四層の櫓のことで、そこには鉄砲に備える物見台があったことから、のちにこれを織田信長が取り入れ、安土城天主《あづちじょうてんしゅ》のモデルとしたともいわれる。大和郡山《やまとこおりやま》城など他の城の天守も、多聞山城の四層櫓を参考にしたとされる。

その見事さは国内だけでなく、海外にも伝わった。宣教師のルイス・フロイスは「城門の扉は大きな一枚板で造られ、金具をつけた柱はまるで黄金の柱のように見える」と著書

『日本史』に記している。同じく宣教師のルイス・デ・アルメイダも「世界中この城のごとく、善かつ美なるものはあらざるべし」と惜しみない賛辞を呈している。

多聞山城を築いたのは、三好長慶《みよしながよし》の家臣の松永久秀《まつながひさひで》だ。永禄《えいろく》二年（一五五九）に、信貴《しぎ》山《さん》城を拠点に大和に侵攻して奈良を占領し、翌永禄三年から四年にかけて多聞山城を築城した。多聞山城と名付けたのはこの地が奈良の北方にあり、北の守り神は多聞天《たもんてん》（毘沙門《びしゃもん》天《てん》）、しかも彼が信貴山寺（朝護孫子寺《ちょうごそんしじ》）の多聞天を信仰していたためだといわれる。

久秀は、京都、奈良、堺《さかい》の三都を押さえて猛威を奮った。主家である三好家を乗っ取った久秀は、永禄八年（一五六五）、将軍足利義輝《あしかがよしてる》を暗殺し、永禄一〇年（一五六七）には、三好三人衆との争いで三人衆が逃げ込んだ東大寺を焼き討ちした。こうした経歴から「梟《きょう》雄《ゆう》」の名をほしいままにした。

だが、そんな久秀も、天正元年（一五七三）に信長に二度目の反旗を翻して敗北。信貴山城で自害した。多聞山城は佐久間信盛《さくまのぶもり》に明け渡され、その四年後には信長が筒井順慶《つついじゅんけい》に命じて取り壊させた。その翌年になると、順慶は多聞山城の石材を筒井城に移し、さらにそれを郡山城の築城に使用している。こうして多聞山城は築城から二〇年足らずで姿を消したのだ。多聞山城の築城に使われ、廃城により遺棄・散乱していた千体石仏群は、奈良市の称名寺に祀られている。

橿原神宮前駅は、かつて三つに分かれていた!?

奈良県橿原市の畝傍山の東南麓にある橿原神宮《かしはらじんぐう》は、神武《じんむ》天皇を祀った神社で明治二三年（一八九〇）に創建された。

その最寄り駅となっている橿原神宮前駅には、現在、近鉄橿原線・南大阪線・吉野線が乗り入れている。今は同じ会社の路線だが、実はかつてこの三つの路線は、別の会社によって運営されていた。橿原線は大阪電気軌道（大軌）、南大阪線は大阪鉄道（大鉄）、吉野線は吉野鉄道（のちに大軌）の路線だったのだ。

大正一二年（一九二三）、まず大軌の路線（現在の橿原線）が橿原神宮前駅に乗り入れた。この時の橿原神宮駅は、現在地の北西三〇〇メートルにあり、線路も現在より西三〇〇メートル寄りを走っていた。

一方、その後の昭和四年（一九二九）、大鉄は古市《ふるいち》〜久米寺《くめでら》間を開業。橿原神宮の南に久米寺駅と橿原神宮駅が設けられ、大軌の橿原神宮前を含む三つの駅が隣接する形となった。そして、両社の路線は久米寺駅で合流していた。

※ 3つに分かれていた橿原神宮駅

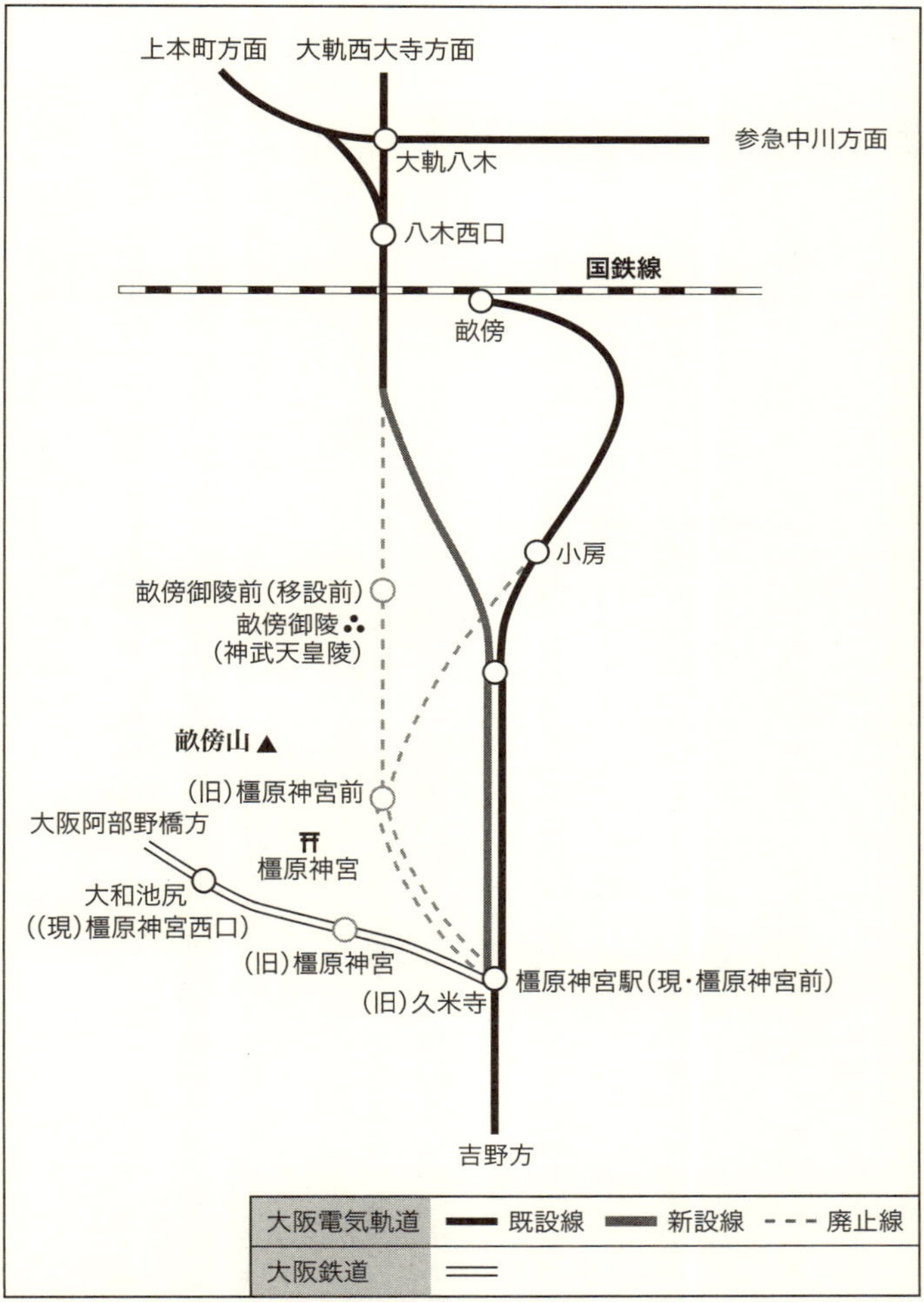

橿原神宮前駅には、近鉄橿原線と南大阪線、吉野線が乗り入れているが、本来両線は大阪電気鉄道と大阪鉄道という異なる鉄道で、しかも３つの駅に分かれていた。

神宮の拡張をきっかけに駅を統合

昭和一五年（一九四〇）、紀元二千六百年記念大祭が行なわれることになった。神武天皇即位から二六〇〇年を祝う行事で、橿原神宮でも大々的に祝典が催されることになった。それを前に、前年の昭和一四年（一九三九）には大規模な境内の拡張工事（120ページ）が計画されることになった。

ところが、そこで問題が起きた。なんと大軌の線路が拡張後の領域に入り、神域を通過してしまうことがわかったのだ。さすがにこれを放置しておくことはできない。もちろん、皇室にまつわる神聖な祭典のためだから、「神宮の拡張をやめろ」とは言えない。

おまけに、祭典によって参拝客が大幅に増加すると予想されたため、設備の拡充が必要だった。そこで、関係者は線路と駅を移設することにしたのだ。

こうして大軌の線路が東へ三〇〇メートルずらされ、さらに三つの駅が統合されることになった。新しい駅は元の久米寺駅の場所に建てられることになった。その結果誕生したのが「橿原神宮駅」だ。なお、この時の正式な駅名は「橿原神宮」駅ではなく、「駅」も含んだ「橿原神宮駅」駅とされた。昭和四五（一九七〇）年三月、「橿原神宮駅」駅は新たに「橿原神宮前」駅に改称されて現在に至っている。

明治維新後、一度地図から姿を消していた奈良県

明治政府は「廃藩置県《はいはんちけん》」を断行し、それまでの藩を廃止して府と県に一元化した。これが、現在の「県」のもとになっている。

とはいえ、当時の県と今の県では大きく異なっている。かつては存在していたものの、その後姿を消してしまった県も多い。奈良県も、実は明治維新後、一度地図から姿を消していた時期があるのだ。

明治四年（一八七一）七月、廃藩置県が行なわれた際、大和国内には奈良・五條県をはじめ、郡山、高取《たかとり》、小泉、柳生《やぎゅう》、柳本《やなぎもと》、芝村、櫛羅《くじら》、田原本《たわらもと》、和歌山、津、久居、壬生《みぶ》、大多喜《おおたき》の一五県が成立した。ところが、一一月になるとこれらの県はすべて廃止され、あらためて大和全体を管轄する奈良県が誕生した。石高五〇万余石、戸数九万五八六六戸、人口四一万八三二六人という大きな県だった。初代県令には四条《しじょう》隆平《たかとし》が任命された。

こうして発足した奈良県では、県庁機構の整備が行なわれ、戸籍簿が作成され、新たな地方行政区画が設定された。また、選挙によって選ばれた議員で構成されたわけではなか

ったが、明治七年（一八七四）の春には奈良県会も開催されている。

新生・奈良県は順調に滑り出したように見えたのだが……。

明治九年（一八七六）、奈良県にとって衝撃的な出来事が起きる。

明治政府は、各府県の財政難を解消するために、府県の統廃合を実施した。それまでの府県は、三府三五県に再編された。そして、奈良県もその年の四月一八日に、太政官布告《だじょうかんふこく》によって堺県《さかい》に合併されてしまったのだ。大和全体を管轄していた奈良県は、こうしてあっけなく地図から消滅してしまった。

だが、奈良県の受難はまだ終わらない。その五年後の明治一四年（一八八一）二月、今度は堺県が大阪府に合併されてしまう。それにともなって、大和国も大阪府に属することになった。

どうせもう奈良県はないのだから、今さらどこにくっつこうが同じだと思うかもしれない。だが、それが違うのだ。

堺県が大阪府と合併したことにより、府政の重点は旧摂津《せっつ》や旧河内《かわち》・旧和泉《いずみ》の河川や港湾の改修に偏り、道路の新設・改修、産業振興、学校の改善など様々な政策においても、奈良は後回しにされるようになってしまう。これでは、旧奈良県の人々はたまったものではない。「何とかして欲しい」という声が湧き上がるようになった。

では、どうすればいいのか。やはり奈良県を復活させることが、何よりも効果があると人々が考えたのは当然だろう。

苦難の奈良県再設置運動の末に

奈良県復活を求める人々の声をバックに、今村勤三《いまむらきんぞう》や恒岡直史《つねおかなおふみ》といった旧奈良県地域出身の大阪府会議員は、明治一四年（一八八一）一二月から「奈良県再設置運動」を起こした。当時はちょうど自由民権運動が盛んだったこともあって、運動は大いに盛り上がった。署名もたくさん集められ、内務卿《ないむきょう》・山田顕義《やまだあきよし》宛ての請願が出された。

だが、交渉相手の明治政府もさすがに手強い存在で、そう簡単に奈良県復活の要求を飲むことはなかった。そのため運動は何度も停滞した。

それでも人々が諦めずに運動を続けた結果、ようやく明治二〇年（一八八七）になって大きな動きがあった。恒岡直史らと大蔵大臣《おおくらだいじん》・松方正義《まつかたまさよし》らとの面談が実現。これをきっかけに、総理大臣の伊藤博文《いとうひろぶみ》や内務大臣の山縣有朋《やまがたありとも》から奈良県再設置の内諾が得られた。

こうして六年に渡る苦難の運動の末、十一月四日に正式に奈良県再設置が認められ、奈良県が復活したのだ。初代知事には税所篤《さいしょあつし》が任命された。

波乱の人生ならぬ「県生」を持つのが、現在の奈良県というわけだ。

大和郡山市で金魚の養殖が盛んになった理由とは？

観賞用のペットとしても人気の高い金魚の養殖が盛んに行なわれているのが、奈良県の大和郡山市だ。その起源は江戸時代中期の柳澤家《やなぎさわけ》の郡山への入封にあるといわれる。享保《きょうほう》九年（一七二四）に柳澤吉里《やなぎさわよしさと》が甲斐国《かいのくに》（現・山梨県）から移ってきた。

この時、吉里は旧領の甲府から金魚を持ち込み、それが藩士の手によって育てられるようになったという。また、他の説では、それより少し前の宝永《ほうえい》年間に、佐藤三佐衛門《さとうさんざえもん》が金魚の養殖に成功して、子孫にそのノウハウを伝えたのが始まりともいわれる。その佐藤家は明治初期まで和金の養殖を続けている。佐藤三佐衛門がランチュウを、高田屋嘉兵衛《たかだやかへえ》がシシガシラを買い入れ、これら珍種の養殖が一層奨励された。

ため池の多さが養殖に好都合

正確な起源はともかく、もともと大和郡山は金魚の養殖に向いていた。その最大の理由は周囲にため池が多いことだ。

大和郡山城を居城とした柳澤氏により、金魚の養殖が盛んとなった。

この地域では、昔から水質や水利に恵まれた農業用のため池が数多くあって、そこに発生するミジンコなどの浮遊生物は、金魚の稚魚《ちぎょ》の餌として適していた。

なぜ大和郡山にため池が多いかといえば、農業事情が関係している。大和郡山に限らず奈良盆地では、近世前期頃に水田二毛作が盛んになった。それまでの一毛作から二毛作に転換するには、用水をため池に貯水し、必要なときに利用できるようにすることが重要だ。そのため、ため池がたくさん作られるようになったのだ。

こうしたため池に加え、通常の水田もイネの栽培をしていない間は、金魚の養殖に活用された。

恵まれた条件のもとで始まった大和郡山

の金魚の養殖。この地で金魚の養殖が発展するのは幕末から明治にかけてのことだった。養殖技術を身につけていた元藩士たちが村人にその技術を伝授していったのである。

それ以前にも、藩士たちは金魚の養殖に親しんでいた。だが、それはあくまでも個人的な趣味に過ぎなかった。

ところが幕末になると状況が変化する。幕府の財政窮乏によって藩士の生活が苦しくなったことが原因で、副業として金魚の養殖が奨励されるようになった。いわば藩士たちは、生活のために真剣に金魚の養殖に取り組んだわけだ。

そうした生活は明治になっても続き、なかには金魚の養殖を副業ではなく本業にする者も現われた。最後の大和郡山藩主となった柳澤保申《やすのぶ》もこれを援助し、窮乏する旧臣たちを助けた。小松春鄰《こまつはるちか》は養殖法や品種改良を工夫して、郡山金魚の名を全国に広めた。

それと同時に、彼らは一般の村人たちにも、金魚の養殖技術を伝え始めた。明治中期には、金魚の養殖を副業にする農家は一四〇戸に達している。

こうして大和郡山市の金魚養殖は、この地を代表する産業になった。昭和一一年（一九三六）には、全国の養殖場数一九二〇のうち奈良県は一〇一四、全体の五三パーセントを占めた。しかも、生産額は全国の五九パーセントを占めるに至ったのだ。

平城ニュータウンに右京、左京、朱雀など歴史的にあり得ない町名があるのは？

新しい町名をめぐって、賛成派、反対派が議論を戦わせることがあるが、昭和四九年（一九七四）、奈良市に生まれた「神功《じんぐう》」「朱雀《すざく》」「右京《うきょう》」「左京《さきょう》」の地名もそうした最たるものであろう。

たしかにこれらは古都奈良の歴史にゆかりの深い地名である。「朱雀」は、平城京の朱《す》雀門《ざくもん》や朱雀大路《すざくおおじ》にちなんだ名であり、本来、都の南の守護神のこと。「神功」は新羅《しらぎ》遠征に功績のある伝説の皇后の名、「右京」は朱雀大路の西側の京域、「左京」は朱雀大路の東側の京域を意味する言葉である。ところがこの四地名があるのは、当の平城京跡から六キロも離れた平城ニュータウンにあり、そこに朱雀大路や京域があったわけではないのだ。

なぜこのようなことになったのか？

住民の八五パーセントが支持した新町名

もともと平城ニュータウンは、戦後、経済成長に伴い、大阪周辺の人口が急増したことにより、日本住宅公団が土地計画整理事業法の適用を受けて、より快適な住宅を目的に建設されたものである。

大阪の中心地から二〇～三〇キロメートル圏内にあり、奈良盆地を囲む丘陵地帯の北に位置する平城山《ならやま》丘陵に計画された。面積約六〇九ヘクタールの広大な土地に、学校や商業施設、公園、緑地などが整備されており、文化・学術・研究の中心になる町を目指して開発され、昭和四七年（一九七二）から入居が開始された。

前述した四つの町名は、平城ニュータウンの開発が始まった直後に命名された。当時の奈良市長であった鍵田忠三郎《かぎたちゅうざぶろう》氏は、平城京が栄えたころにちなんだ名を考え、通称名にしたという。

昭和六一年（一九八六）、行政町名を決定する住居表示審議会が開かれ、反対意見が出たものの、自治会長らから「すでに一〇年以上、（通称として）使ってきた名称なので、愛着がある」として、これらの町名を行政町名としてほしいとの意見が出された。

全住民を対象とした意向調査も行なわれた。結果、八五パーセント以上の住民が新町名の存続を希望した。

こうした賛成派の活動を受け、奈良市議会は新町名を正式地名として決定したのである。

歴史認識との大きな違い

正式決定後、それでも反対意見を表明し続けたのが当時、住居表示審議会の副委員長だった網干善教《あぼしよしのり》関西大学教授である。

網干氏は考古学者で、当初から一貫して反対の立場を取り続けていた。理由は、「歴史にちなむ地名はそれ自体が考古学的遺跡と同じような価値があるにもかかわらず、平城京域とは離れた場所にある平城ニュータウンの町名になることは不適切である」との認識からだ。

これでは、歴史教育の弊害になると主張したのだ。

新町名は明らかに歴史的な妥当性がないことから、地名論争として拡大していったが、行政町名の決定が覆されることはなく現在に至っている。

果たして将来的に左京・右京・朱雀といった歴史的な地名が平城京域を中心に奈良に復活した場合、現在の地名はどうなるのだろうか？

【参考文献】

『NHK平城京ロマンの旅』NHK平城京プロジェクト、『平城京全史解読―正史・続日本紀が語る意外な史実』大角修、『歴史群像シリーズ　飛鳥王朝史―聖徳太子と天智・天武の偉業』（以上、学習研究社）／『奈良の旅』松本清張・樋口清之（学研パブリッシング）／『近代天皇制と古都』高木博志、『奈良の寺―世界遺産を歩く』奈良文化財研究所編、『シリーズ日本古代史〈5〉平安京遷都』川尻秋生（以上、岩波書店）／『奈良』永島福太郎、『古代の都1　飛鳥から藤原京へ』木下正史・佐藤信編、『古代の都2　平城京の時代』田辺征夫・佐藤信編、『奈良と伊勢街道』木村茂光・吉井敏幸編、『日本食物史』江原絢子・石川尚子・東四柳祥子、『古代を考える　山の辺の道―古墳・氏族・寺社』和田萃編、『奈良市史　通史四』奈良市史編纂委員会（以上、吉川弘文館）／『県史29　奈良県の歴史』和田萃・安田次郎・幡鎌一弘・谷山正道・山上豊、『奈良県の歴史散歩・上　奈良県北部』なら高等学校教科等研究会歴史部会編、『奈良県の歴史散歩・下　奈良県南部』なら高等学校教科等研究会歴史部会編、『奈良県の百年　県民百年史29』鈴木良・山上豊・竹末勤・竹永三男・勝山元照（以上、山川出版社）／『奈良県史〈1〉地理―地域史・景観』奈良県史編集委員会編、『奈良県史〈4〉条里制』奈良県史編集委員会編、『奈良県史〈5〉神社』奈良県史編集委員会編、『奈良県史〈6〉寺院』岩城隆利・大矢良哲編著、『奈良県史〈12〉民俗（上）』奈良県史編集委員会・岩井宏實編、『奈良県史〈14〉地名―地名伝承の研究』奈良県史編集委員会編（以上、名著出版）／『大和・飛鳥考古学散歩（増補新版）』伊達宗泰、『大和の考古学50年―橿原考古学研究所の歩み』橿原考古学研究所編（以上、学生社）／『図説　飛鳥の古社を歩く―飛鳥・山辺の道』和田萃、『大人のための修学旅行―奈良の歴史』武光誠（以上、河出書房新社）／『奈良の平日―誰も知らない深いまち』浅野詠子、『日本書紀　全現代語訳〈上〉』宇治谷孟訳、『日本の歴史〈03〉大王から天皇へ』熊谷公男、『日本の歴史〈04〉平城京と木簡の世紀』渡辺晃宏（以上、講談社）／『奈良県謎解き散歩』大宮守友編著、『聖徳太子事典』黛弘道・武光誠編著（以上、新人物往来社）／『吉野　仙境の歴史』前園実知雄・松田真一編著、『飛鳥の覇者―推古朝と斉明朝の時代』千田稔、『古代の三郡を歩く　平城京の風景』上田正昭・千田稔（以上、文英堂）／『奈良大和路の年中行事』田中眞人、『古寺巡礼奈良　唐招提寺』井上靖・森本孝順（以上、淡交社）／『こんなに面白い奈良公園』入江泰吉・青山茂、『私の日本古代史〈下〉『古事記』は偽書―継体朝から律令国家成立まで』上田正昭（以上、新潮社）／『地名の由来を知る事典』武光誠、『奈良の地名由来辞典』池田末則編（以上、東京堂出版）／『最新47都道府県うんちく事典』八幡和郎、『意外な歴史が秘められた関西の地名100』武光誠、『奈良の寺社150を歩く』山折哲雄監修・槇野修著（以上、PHP研究所）／『古代史の謎を攻略する　古代・飛鳥時代篇』『古代史の謎を攻略する　奈良時代篇』以上、松尾光（笠間書院）／『「伝承」で歩く京都・奈良―古都の歴史を訪ねて』本島進（慧文社）／『大和国歌枕』佐佐木忠慧（おうふう）／『日本の伝説〈13〉奈良の伝説』岩井宏美・花岡大学（角川書店）／『奈良新発見―いまに生きる歴史を歩く』奈良県歴史教育者協議会編（かもがわ出版）／『父祖たちの風景』上杉朋史（響文社）／『鉄道地図の楽しい読み方―時刻表には夢と不思議がいっぱい』所澤秀樹（ベストセラーズ）／『奈良謎とき散歩―万葉人の息吹と古代のロマンを訪ねて』吉田甦子（廣済堂出版）／『日本魔界案内―とびきりの「聖地・異界」を巡る』小松和彦（光文社）／『古代大和を歩く』森川禮次郎（産経新聞出版）／『探訪　日本の歴史街道』楠戸義昭（三修社）／『奈良―歴史と美術』浅野清（社会思想社）／『郷土史事典奈良県』岩城隆利（昌平社）／『大学的奈良ガイド―こだわりの歩き方』奈良女子大学文学部なら学プロジェクト編（昭和堂）／『奈良名所むかし案内―絵とき「大和名所図会」』本渡章（創元社）／『図説　平城京事典』奈良文化財研究所編（柊風舎）／『青山四方にめぐれる国（奈良県誕生物語）』（奈良県）／『奈良市史　地名編』奈良市史編纂委員会（奈良市）／『聞き書 奈良の食事　日本の食生活全集2』日本の食生活全集奈良編集委員会編（農林漁村文化協会）／『陰陽道の発見』山下克明（日本放送出版協会）／『熊野　八咫烏』山本殖生（原書房）／『日本昔ばなしの裏話』合田一道（扶桑社）／『奈良の昔話　奈良町編』増尾正子（ブレーンセンター）／『謎の豪族　蘇我氏』水谷千秋（文藝春秋）／『蘇我氏の古代史―謎の一族はなぜ滅びたのか』武光誠（平凡社）／『日本人として知っておきたい地名の話』北嶋廣敏（毎日新聞社）／『大和おもしろ話』横林宜博（読売奈良ライフ）／『鉄道ジャーナル』（成美堂出版）
東京新聞／毎日新聞／産経新聞／四国新聞

特定非営利活動法人 奈良まほろばソムリエの会

NPO法人奈良まほろばソムリエの会とは

奈良のご当地検定「奈良まほろばソムリエ」検定の最上級である「奈良まほろばソムリエ」資格を取得したメンバーが中心となって発足した「奈良通」の会です。2011年4月に発足、13年2月にNPO法人化。会員数は約240名（14年1月現在）。

奈良を愛する者の熱意と知識・経験を活かし、以下の活動に取り組んでいます。

1. 奈良県内各地でのウォーキング・ツアーの企画、ガイド
2. セミナー・講話の企画・実施と、各種講演会や県下学校への講師派遣
3. 社寺・史跡の保存美化、伝統行事継承の支援
4. 新聞やWebサイトへのコラム執筆などの情報提供
5. 旅行会社とタイアップしたバスツアーなどの企画、ガイド

さらに今後は書籍の刊行や、イベントの企画なども行ってまいります。

※当会のWebサイト：http://www.stomo.jp/
公式ブログ：http://nara-stomo.seesaa.net/

写真は、13年6月に奈良女子大学で行った「公開講座」

監　修

奈良まほろばソムリエの会

奈良のご当地検定「奈良まほろばソムリエ」検定の最上級である「奈良まほろばソムリエ」資格を取得したメンバーが中心となって発足した「奈良通」の会。2011年4月に発足、13年2月にNPO法人化。会員数は約240名（14年1月現在）。奈良を愛する者の熱意と知識・経験を活かし、様々な活動に取り組んでいる。

※本書は書き下ろしオリジナルです。

JIPPI Compact

じっぴコンパクト新書　178

意外《いがい》と知《し》らない“まほろば”の歴史《れきし》を読《よ》み解《と》く！
奈良《なら》「地理《ちり》・地名《ちめい》・地図《ちず》」の謎《なぞ》

2014年3月10日　初版第1刷発行

監　修……………………奈良まほろばソムリエの会
発行者……………………村山秀夫
発行所……………………実業之日本社
〒104-8233　東京都中央区京橋3-7-5　京橋スクエア
電話（編集）03-3535-3361
　　（販売）03-3535-4441
http://www.j-n.co.jp/
印刷所……………………大日本印刷株式会社
製本所……………………株式会社ブックアート

ISBN978-4-408-45486-3（趣味・実用）